Henri Maux

Bâtir, résister, diriger

ISBN 978-2-35618-263-0

© Editions Ampelos 2024

Couverture par Annaïs Hélou d'après une maquette de Nelly Monnier et une illustration de Joseph Delhomme

I.   Bâtir

Une enfance provinciale

Est-ce parce qu'Henri Maux a passé ses vacances d'enfant au sommet d'un oppidum gréco-romain encore endormi, qu'il a acquis ce caractère ferme, ce sens de la mission et cette « haute droiture » Est-ce parce que le vaste panorama de la plaine de Béziers, dominé par la colline d'Ensérune, a imprégné ses yeux, qu'il a vécu une vie puissante, dont le cadre s'est sans cesse élargi ? Pour son biographe, quelle brillante toile de fond se crée, une toile d'où émergent deux yeux lumineux et tendres, légèrement inquiets, tendus vers le meilleur et l'avenir.

Henri Maux naît le 8 décembre 1901, à Béziers, aîné d'une fratrie de trois enfants. Les parents, Joseph et Marie Maux donnent à leur trio une enfance heureuse. De sa mère, Henri hérite d'une foi profonde et d'un grand amour de la montagne. De son grand-père maternel, il acquiert une culture générale et une soif de savoir. Car, après sa retraite, ce grand-père chaleureux s'installe dans la grande maison de sa fille, à Béziers. Chaque soir, l'aîné de ses petits-fils vient le rejoindre pour travailler sous son aile et se former à la culture latine et à la littérature.

Toute sa vie, Henri considérera Clément Labernadie comme son guide et son modèle.

Joseph Maux, quant à lui, est un homme vif et déterminé. Mais une surdité précoce l'empêchera d'avoir une grande intimité avec ses enfants. Cependant il léguera à son fils aîné son inépuisable dynamisme. Il est le propriétaire d'une affaire de famille, une horlogerie-bijouterie, située rue Française. Au cours des années, il y ajoutera un commerce d'antiquités romaines et surtout, il développera d'exceptionnelles qualités d'inventeur. Ainsi voient le jour une pendule qui fonctionne quatre cent jours, une montre à décimales ou un savant procédé de lentilles permettant une reproduction parfaite de tableaux de maîtres... Mais la plus belle réalisation de Joseph reste la résurrection de la colline d'Ensérune, qui deviendra l'un des sites archéologiques les plus célèbres du Languedoc. Seule hauteur surgissant de la plaine de Béziers, avec une vue aérienne sur l'étang de Montady, la colline est à l'abandon depuis des siècles, mais on sait qu'elle recèle des vestiges romains. Joseph tombe amoureux de l'endroit et décide d'acheter le sommet de cette colline déserte. Il fait affaire avec seize propriétaires différents. Puis il trace une route en lacets, plante des milliers d'arbres, ainsi qu'une roseraie pour son épouse. Cherchant à trouver une solution au problème de l'eau, il met à jour le système d'irrigation romain, avec ses canalisations et ses citernes. Enfin il fait édifier une grande maison, surmontée d'une tour, « *pour observer* les *étoiles* ». La demeure est terminée en 1914 et sert de cadre enchanteur aux vacances de ses jeunes enfants. Mais ce site ne peut rester une propriété privée, en raison des découvertes exceptionnelles effectuées par un voisin. Ce dernier met à jour de nombreux vases recélant les vestiges des habitants de la ville grecque, qui précéda l'implantation romaine. L'Institut de France est alerté et une délégation d'experts, mène des pourparlers avec Joseph Maux, pour acheter sa propriété. La vente est effective en 1922 et la maison devient alors un musée d'un intérêt prodigieux.

Henri Maux fait de brillantes études puisqu'à 16 ans, il possède ses deux baccalauréats scientifiques, qu'il a doublés trois mois plus tard, par leurs équivalents littéraires Il part ensuite à Paris et devient interne au collège Stanislas. La grande guerre n'étant pas terminée, il est le témoin du bombardement de Paris et aide à l'installation, dans les caves de son collège, des blessés des hôpitaux voisins. Il est reçu au concours de Polytechnique, dans la promotion 1920. Bien classé à la sortie de l'X, il choisit le corps des ingénieurs des Ponts et Chaussées coloniaux, ce qui correspond à son goût du grand large.

Sa formation se poursuit par une année à l'Ecole supérieure d'Electricité, entrecoupée par des stages autour des barrages des Alpes et des Pyrénées, région où il retrouve avec bonheur la famille de sa mère, pour des vacances montagnardes. C'est à cette époque que ses nombreux cousins, voyant la brillante trajectoire d'Henri, le surnomment malicieusement « *l'aigle des Maux* »! Son dernier stage le conduit pendant quelques mois à la société du canal de Suez, où sa personnalité est tellement appréciée, qu'on lui propose un recrutement immédiat. Mais pour Maux, « *le Canal* » malgré son prestige, est une société trop étroite, et il aspire à de plus vastes horizons. A l'issue de cette formation, il est nommé ingénieur des Ponts et Chaussées coloniaux, du cadre des Travaux Publics d'Indochine, une destination très recherchée.

Maux s'embarque donc pour l'Asie, le 8 janvier 1927, à bord de *l'Azay–le-Rideau,* bateau des Messageries Maritimes, qui doit mettre un mois à gagner Saigon. Ce trajet constitue un voyage initiatique pour ce jeune homme de 26 ans, brillant et réfléchi, qui entame sa vie professionnelle en Asie, continent où il espère trouver l'aventure et l'accomplissement de son métier.

Premier séjour au Cambodge

A cette époque, l'Indochine est une union de cinq pays, composée de la colonie de Cochinchine et de quatre protectorats : Annam, Tonkin, Laos et Cambodge. Protectorat signifiant double administration, car ces quatre états ont gardé leurs souverains légitimes, les prérogatives de l'empereur d'Annam s'étendant aussi au Tonkin. L'autorité suprême de l'Union indochinoise est le Gouverneur général qui siège à Hanoï. Il nomme les fonctionnaires, arrête le budget et contrôle les services administratifs. Les Travaux publics, auxquels appartient Henri Maux en sont l'un des plus beaux fleurons. Son pouvoir est relayé dans chaque capitale par un Résident Supérieur, assisté de hauts fonctionnaires.

En 1927, la paix intérieure de l'Indochine semble établie pour longtemps. L'instruction, la médecine et les communications sont en plein essor et atteignent les régions les plus reculées. Pour un jeune ingénieur, en début de carrière, cette époque est le cadre d'une aventure exceptionnelle. Cependant on sent un certain mécontentement dans les milieux intellectuels vietnamiens, car les jeunes diplômés se sentent frustrés de ne pas trouver leur juste place dans une administration calquée sur le modèle français.

Ce n'est qu'à deux jours de l'arrivée à Saigon, que Maux apprend sa destination : le Cambodge, avec résidence dans la capitale, Phnom-Penh. Il semble avoir été choisi pour ce poste - qu'il doit occuper pendant trois ans - en raison de sa formation dans les problèmes hydrauliques et électriques, ce pays devant réaliser un important programme de barrages. Tous les voyageurs lui assurent qu'il a de la chance d'avoir obtenu cette affectation. Car la beauté du pays, les qualités artistiques des habitants et l'importance des travaux, rendent cette destination très convoitée.

L'escale à Saigon s'effectue dans un tel tourbillon, que Maux est à peine effleuré par l'émotion à laquelle il s'attendait, pour son premier contact avec ce pays, où il pense passer une partie de sa vie. Il règle au plus vite les questions administratives et fait la connaissance du service des Travaux publics. Mais la ville lui paraît affairiste et poussiéreuse et il est soulagé d'embarquer sur le *Battambang*, le petit bateau qui remonte le Mékong et navigue entre ses paisibles rives. Le 15 février 1927, à 3h du matin, les sirènes résonnent. Voici Phnom-Penh, le terme du voyage.

Il est accueilli par un collègue, qui remplace son futur patron, Rigal, retenu sur un chantier. En attendant le retour de « L'En-chef », Maux s'installe dans un hôtel qui surplombe le lac des Quatre Bras, c'est-à-dire le confluent du Mékong et du Tonlé-Sap. Il a tout loisir de visiter la ravissante ville de Phnom-Penh, qui compte 70.000 habitants, dont un millier de Français, mais aussi des communautés de Chinois, d'Indiens ou d'Annamites. La plupart des Cambodgiens sont de fervents bouddhistes, appartenant au *Petit Véhicule*, culte dépouillé autour du seul exemple humain de Bouddha. Tous les jeunes hommes doivent passer quelques années dans la robe d'un bonze et vivre de la charité publique.

Le retour de l'Ingénieur en chef Rigal, marque l'entrée de Maux dans la vie professionnelle et les deux hommes vont s'entendre à merveille. Sous cette autorité bienveillante, le nouvel arrivant va découvrir « la mystique du métier ». Les Travaux publics sont installés dans un bâtiment clair et bien agencé et le service comporte une quarantaine d'Européens, disséminés sur les divers chantiers, ainsi qu'une escouade d'agents techniques cambodgiens.

Le sport permet à Maux de se faire vite de bons amis : le tennis au Cercle Sportif, l'aviron, avec un entrainement au petit matin sur le Mékong ; puis le rugby, qu'il a pratiqué dans sa jeunesse. De plus, fasciné par la civilisation Khmère, il décide d'en apprendre la langue et devient un habitué de la bibliothèque et du Musée archéologique. Bon musicien, il n'a de cesse de se procurer un piano et de trouver des amis pour partager ses partitions. Maux quitte enfin l'hôtel, pour aménager dans un appartement, qu'il fait rénover. Il en dessine lui-même les meubles et les fait exécuter par des artisans locaux.

Mais, à la vie bien réglée qu'il peut désormais mener dans la capitale, il va de loin préférer les aventures qu'il rencontre lorsqu'il part en tournée. Ces périples fréquents, qu'il organise à sa guise pendant la saison sèche, s'effectuent avec divers moyens de locomotion : en voiture, en pirogue, à cheval et même à dos d'éléphant. Il ne vivra bientôt que pour ces échappées, pleines d'imprévus, qui deviendront une drogue. Sa première tournée concerne la région d'Angkor, en mars 1927. Il traverse le lac Tonlé-Sap en chaloupe, pour retrouver une voiture sur l'autre rive. Il parvient au Sambor, la première capitale khmère, dont les ruines sont étouffées d'arbres et de lianes. Puis il fait halte à Siem-Réap, ravissante petite ville, qui sert de point de départ à la découverte des temples d'Angkor. Maux se lance à corps perdu dans la visite de ces temples monumentaux. D'ailleurs, il en deviendra un spécialiste reconnu et l'ami des archéologues travaillant sur place : tels que Golubeff, Glaize ou Marchal, ce dernier l'initiant à la nouvelle technique de *l'anastylose*. De plus, sillonnant le pays en tous sens, il partagera toujours avec eux ses découvertes.

Les tournées suivantes concernent le futur barrage de Phnom-Kûlen, puis la région de Moung, que Maux parcoure à dos d'éléphant. L'ingénieur repère les sites aptes à recevoir de petits barrages, et teste la nature des bancs de rochers. La fin de la tournée s'effectue à cheval, dans une vallée latérale, où plusieurs retenues d'eau sont envisagées. Les autres tournées le conduisent au sud du pays, au Bokkor, une montagne à pic sur la mer et surmontée d'un hôtel résidence, dont il faut rénover le système électrique. Puis à l'élégante plage de Kep, où le service doit installer une ligne à haute tension. Quelques mois plus tard, le voilà explorant une région vierge, que l'on appelle le Grand Marais. On dort en plein air ou dans les *salas* des bonzes, paillottes sur pilotis, ouvertes à tous les voyageurs. Et l'on chasse pour se nourrir mais Maux, qui déteste tirer, s'en remet à ses adjoints. De toutes ces aventures, sa préférence va au passionnant chantier de dérochement des rapides du Mékong, à Kratié - à la frontière du Laos – destiné à permettre aux bateaux de naviguer sans décharger leurs marchandises.

Mais, pendant la saison des pluies, impossible de sillonner la campagne, car les routes deviennent des torrents. Le travail est alors consacré aux aménagements urbains ou aux dossiers administratifs. Cette année-là, il est prévu de moderniser le réseau électrique du Palais royal. Car, à côté des salles dallées d'argent, existe tout un ensemble de bâtiments délabrés, qui sont réservés aux concubines et aux danseuses royales.

Le Cambodge est un pays où les fêtes sont fréquentes : fêtes du *Têt* (jour de l'An annamite), fête de Jeanne d'Arc ou la célèbre fête des Eaux, qui a lieu en novembre, au moment du « retournement des eaux », lorsque s'inverse le courant du Mékong. Sur le lac des Quatre Bras, les longues pirogues de cinquante rameurs s'élancent comme des flèches devant les embarcations richement ornées du Roi et de ses ministres, constituant un spectacle inouï. Pour y assister, des foules de touristes accourent de la Cochinchine voisine. Maux se rend compte à quel point son appartement est insuffisant pour recevoir ses amis et il est enchanté que son patron propose de lui affecter une nouvelle maison de fonction, dont il surveillera la construction.

A l'automne 1928, Rigal part pour ses six mois de congés, laissant l'intérim à son adjoint. Au préalable, Maux est convoqué à Saigon, pour faire le point sur ses tournées et discuter de son avenir. A son retour, le rythme de travail qui l'attend devient frénétique car, outre son rôle habituel, il se retrouve en contact direct avec le Résident Supérieur, pour toutes les questions financières et administratives. « *Ma jeunesse est bien finie,* écrit-il à ses parents. *Me voici devenu un homme, comment est-ce possible ?* »

L'événement qui agite le Cambodge est la mort du Roi Sisowath, le 2 mars 1928, qui sera suivi quatre mois plus tard par le couronnement du Roi Monivong. Festivités grandioses et traditionnelles depuis le 8° siècle. Maux y assiste au premier rang, son intérim faisant de lui l'un des dix membres du Conseil du Protectorat. Les cinq jours de fête se terminent par un banquet, où se produit le corps du ballet royal.

Quelques jours plus tard, devant les autorités du pays, Maux prononce le discours d'inauguration du pont sur le Bassac.Il s'agit d'un immense ouvrage d'art de 300 m de long, qui a demandé deux ans d'efforts et supprimé l'un des bacs de la principale route vers Saigon. L'ingénieur accompagne encore le Résident Supérieur vers Aranya, terminus du chemin de fer siamois. Puis il accueille son patron Rigal, de retour de congé. Hélas, ce dernier apporte la mauvaise nouvelle de son départ définitif, car il a décidé de quitter la fonction publique. Il apprend à Maux qu'il l'a proposé pour sa succession comme ingénieur en chef, malgré son jeune âge, puisqu'il n'a que 29 ans.

Après la démission de son patron, Maux, voit son travail s'accroître, du fait de la construction de la première voie ferrée du Cambodge, qui doit relier la capitale à la ville de Battambang. Cet énorme chantier, qui double l'importance de la circonscription, a été décidé l'année précédente, dans le but de faciliter le transport des marchandises provenant de l'ouest du pays. A l'heure actuelle, il faut attendre six mois pour que la montée des eaux du Tonlé-Sap permette aux piroguiers de convoyer leur récolte de riz jusqu'à Cholon, dans la banlieue de Saigon. Or les dégâts causés par les rats sont considérables et affectent le tiers de la récolte.

La construction du chemin de fer a été confiée à une société privée, mais le service des Travaux Publics doit vérifier le respect du contrat et le bon avancement des travaux, prévus pour trois ans. Le premier coup de bêche symbolique, est donné par le Roi, le 4 juillet 1929, en présence du nouveau Gouverneur Général, Pasquier.

Fig. 1: Le bureau de brousse de l'ingénieur des Ponts

Ce surcroît de responsabilités va amener Maux à se rendre fréquemment à Saigon. Il y rencontre son chef, l'Inspecteur Général Pouyanne, dont il admire l'audace et approuve les grands projets prévus pour les années à venir. Il se fait, dans cette ville, qu'il a appris à aimer, des amis qui le suivront toute sa vie. Mais coup de tonnerre dans le ciel serein de la colonie, survient l'annonce de l'insurrection de Yen Bay, en février 1930 : une compagnie d'Indochinois s'est révoltée et a massacré ses gradés. Dans le pays, éclatent plusieurs soulèvements, qui répondent au mot d'ordre de Nguyen Ai Quoc – le futur Ho Chi Minh – de retour du Congrès communiste de Canton. La répression est très sévère et le calme vite rétabli, mais ces événements causent une vraie prise de conscience chez les Français.

Revenu au Cambodge Maux travaille comme « une brute aux abois » et multiplie les tournées avec son nouvel adjoint. Cela le conduit à abandonner la présidence du Club Sportif, après l'avoir doté de l'une des premières piscines du pays. Il laisse aussi tomber le rugby et la correspondance avec sa famille se raréfie. Mais heureusement, la perspective de ses vacances approche…

Tour du monde

Il est convenu que Maux laissera passer l'été, pour les études de crues, puis qu'il débutera ses vacances fin octobre 1930. Or l'un de ses camarades des Ponts, Bourgoin, un adjoint de Pouyanne, a les mêmes dates de congé que lui. Il lui propose de faire le tour du monde en sa compagnie, tout en réalisant des études professionnelles sur le trajet. Maux accepte avec enthousiasme ! Il passe quelques jours à Saigon pour organiser l'intérim de ses six mois d'absence. Puis les deux camarades s'embarquent sur un caboteur, qui longe les côtes d'Annam jusqu'à Haïphong, le grand port du Tonkin, tout enveloppé d'une épaisse brume. Ils empruntent un autre bateau pour gagner Canton, la porte d'entrée de la Chine.

Ce pays connaît alors l'une des périodes les plus troublée de son histoire. Sun Yat-tsen a créé en 1911 le parti communiste chinois, devenu Guomintang. Mais il est mort en 1925, laissant le champ libre à son beau-frère Chiang Kaï-shek. Ce dernier, avec une forte armée, est parvenu à réduire les « *Seigneurs de la Guerre* » et à reconquérir la plupart des grandes villes du pays. Arrivé devant Shanghaï, il s'est trouvé face aux 20 000 Européens, massés dans le quartier des concessions. Or, soudaine volte-face, le Généralissime décide de s'allier aux milieux d'affaires et se retourne contre ses amis communistes, qui doivent s'enfuir dans le nord du pays. Victorieux, Chiang Kaï-shek s'attire un grand prestige international et décide d'implanter sa capitale à Nankin.

Pour les deux amis, Canton est leur premier contact avec la Chine et ils sont conquis par la beauté de l'île de Shameen – où logent des Européens - et le pittoresque des villages flottants de *sampangs*. Mais ils ne s'attardent pas, car il leur faut gagner au plus vite Hong- Kong, d'où leur bateau est prêt à appareiller. Ils ont tout juste le temps d'admirer la splendeur de la baie et le charme de la ville, où l'Angleterre et la Chine se marient avec un tel bonheur. Et ils se jurent d'y revenir le plus vite possible !

Il faut trois jours pour parvenir à l'embouchure du Wangpou, la rivière qui permet d'atteindre Shanghaï, et ils sont accueillis par un camarade des Ponts. Ils vont visiter cette ville effervescente, ainsi que diverses usines d'électricité. Et ils font la connaissance du célèbre *Bund,* ce boulevard qui longe le fleuve, remarquable par la taille de ses immeubles officiels. Dans la concession française où ils logent, les maisons ont des airs de province et la circulation est réglée par des policiers tonkinois.

Enfin, avec un retard de douze heures sur l'horaire, ils s'installent dans le train qui va les conduire à Pékin, en trois jours. Les wagons-lits sont neufs et garnis de balcons. Mais les régions traversées étant réputées peu sûres, un détachement militaire occupe les premières voitures. On commence par traverser de longues plaines irriguées par les fleuves Bleu et Jaune, où chaque lopin de terre est minutieusement cultivé. Puis le sol se dessèche, mordu par l'hiver, qui les saisit en arrivant à Tientsin, premier arrêt du voyage. Les rives du fleuve Haïko charrient de la glace et ils sont pris d'une joie enfantine : c'est leur premier hiver depuis trois ans !

Ils arrivent à Pékin à la mi-décembre et se rendent aussitôt à la Légation française, où ils sont reçus par M. de Wilden. Celui-ci leur fait part de son admiration pour le régime de Chiang Kaï-shek, qui a unifié le pays et entamé un vaste programme de modernisation. Bien que la capitale soit fixée à Nankin, les diplomates hésitent à quitter leurs installations pékinoises, si bien défendues. Car le souvenir de la guerre des Boxers et du tragique siège des Légations, est encore présent dans *les* mémoires. Les deux amis se lancent dans la visite de la Cité Interdite, qui vient d'être ouverte aux visiteurs, et se rendent au temple du Ciel, l'image même de la perfection architecturale asiatique. Maux est fasciné par l'histoire de la ville et le pittoresque des petites rues, qu'il parcourt en *rickshaw*, emmitouflé de fourrures. Il n'hésite pas à descendre pour prendre en photo les métiers qu'il rencontre à chaque coin de rue. Il se rend aussi chez les antiquaires, où il succombe à la tentation d'acheter des *curios*. Mais comment quitter le pays, sans avoir marché sur la Grande Muraille ? Ils s'y rendent en train, grelottant sur une plateforme découverte. Pour des ingénieurs des Ponts, le spectacle de cette gigantesque muraille, qui serpente en épousant les sommets les plus abrupts, a quelque chose d'inhumain ! En quittant Pékin, Maux réalise quel coup de foudre il vient d'éprouver pour ce pays et sa stupéfiante civilisation. Mais il ne sait pas encore que toute l'orientation de sa vie en découlera.

Suivis d'une file de porteurs, convoyant leurs onze valises, les deux voyageurs s'embarquent dans un train bondé, à destination de Moukden, la capitale de la Mandchourie. Dans cette province, ils sont frappés par l'importance de la présence japonaise. Les troupes nippones sont si omniprésentes, que l'on ne peut que s'interroger sur l'avenir de cette province, tellement riche en minéraux et si éloignée du pouvoir central chinois. Le voyage se poursuit en train jusqu'à Séoul, la capitale de la séduisante Corée, aux beaux paysages de mer gelée ou de montagnes enneigées. Dans ce pays aussi, les Japonais ont investi le commerce, évinçant les Chinois. Ils atteignent le Japon en bateau et traversent rapidement le pays, pour s'embarquer à Yokohama, le 10 janvier 1931. La traversée du Pacifique comprend une rapide escale à Honolulu, afin de visiter le remarquable système d'irrigation de l'île.

Après quinze jours de navigation, ils touchent terre au Canada, à Vancouver, ville européenne aux immenses buildings. Ils poursuivent par Seattle, où la visite des douaniers est minutieuse, axée sur la présence d'alcool, car la prohibition bat son plein. Un train de soixante-dix wagons et de trois locomotives les mène ensuite à travers le Canada. Or aucun tunnel n'existant pour traverser les Rocheuses, le convoi doit emprunter des voies en très haute altitude. Le train redescend ensuite dans la vallée de Sacramento, puis gagne la plaine fertile de la Californie. L'arrivée à San Francisco s'effectue au milieu des puits de pétrole. Maux retrouve dans cette ville un oncle maternel – le docteur Bazet - qu'il a bien connu pendant ses années estudiantines à Paris, lorsque son oncle y venait en vacances avec son épouse. Il adore cet homme généreux, resté si béarnais malgré une vie entière passée en Amérique, et ils se revoient avec émotion. Les voyageurs sont logés dans l'immeuble luxueux de l'*Athletic Club*, grâce à la recommandation du consul de France, ami de Bazet. Ils sont fêtés partout et invités à visiter digues, routes asphaltées, usines, et barrages… en particulier celui qui permet l'irrigation de la vallée de Saint Gabriel, gagnée sur le désert. Emerveillés par l'ampleur des réalisations, ils récoltent une moisson de renseignements. Puis ils vont visiter les studios d'Hollywood et assistent au tournage de leur premier film parlant !

S'étant arrachés avec difficulté à ce pays béni des Dieux, en raison de son ciel limpide et de son incroyable prospérité, les deux amis entreprennent la traversée des USA. Ils s'arrêtent deux jours pour visiter le Grand Canyon du Colorado et cet évènement géologique, unique au monde, subjugue Maux. Ils passent une journée à Amarillo sur un chantier de chemin de fer, et parviennent à la

Nouvelle Orléans... Mais le temps presse, car ils ont dépassé d'un mois le délai imparti pour leur voyage.

Ils parviennent enfin à New York, où ils réservent leur passage sur un transatlantique. Ils s'installent à *l'Army and Navy Club* et, une fois encore, ils sont attendus. L'architecte Philip Horton Smith est venu accueillir Bourgoin, dont la famille l'avait hébergé à Tours, après l'armistice. Disposant d'un peu de temps avant le départ du bateau, les deux amis acceptent son invitation à rencontrer sa famille, à Salem, dans le Massachussetts. Ils sont reçus avec chaleur et l'amitié entre Maux et l'architecte deviendra indéfectible ! Mais le séjour se termine d'une façon inattendue puisque Bourgoin, tombé amoureux de la sœur de Philip, décide de rester aux USA. Et Maux s'embarque donc seul sur le bateau à destination du Havre, où il arrive en avril.

Il gagne Paris en train, tout heureux de se retrouver dans une ville dont il garde de si bons souvenirs. Tandis que se règlent, au ministère des Colonies, les questions administratives de son séjour, il a tout loisir pour flâner dans la capitale. Avec un œil neuf, il compare l'enfilade de la Concorde à l'Etoile, à la Cité Interdite de Pékin, qui a sensiblement les mêmes proportions. Mais Paris y ajoute une grâce incomparable. Deux choses l'étonnent : les Parisiens se lèvent tôt et courent en tous sens dès le matin ; et les femmes, toutes habillées de noir, ont adopté la nouvelle mode des cheveux courts. Mais après trois années d'absence, il se sent déplacé dans l'ambiance parisienne et choqué par les petitesses de l'administration. Ses réflexions rejoignent celles de l'écrivain Bernanos, qui déplore l'absence de spiritualité des Français.

Il est libre enfin de rejoindre ses parents, qui l'attendent dans leur nouvel appartement de Toulouse. Les retrouvailles sont joyeuses et animées et tous veulent entendre ses récits exotiques et voir les souvenirs qu'il rapporte de son tour du monde. Puis, l'été venu, ils partent en famille vers les Pyrénées, où ils retrouvent leurs oncles et tantes de Pau, de Naÿ ou de Lourdes. Là aussi les récits du voyageur sont très attendus car, si l'expatriation est la règle dans cette région, Henri est le premier à être allé en Asie ; ses parents s'implantant plutôt en Amérique ou au Mexique. Il retrouve ses lieux favoris : Bettharam et le lac de Gaude...Puis avec son frère, ils rejoignent des amis en Comminges. Cette vie simple et sportive l'ayant tout à fait ragaillardi, il quitte la région pour regagner le ministère, où il est attendu. En effet l'Ingénieur Général Pouyanne, en séjour métropolitain, a demandé que le jeune ingénieur lui soit adjoint, afin de finaliser le « Plan des Grands Travaux 1930 », qu'il prévoit pour l'Indochine. Il s'agit d'un programme d'envergure, qui passionne Maux et retardera de quelques semaines son retour au Cambodge. Il en profite pour aller au théâtre et courir les expositions. Mais il tient aussi à visiter l'Exposition Coloniale qui vient de s'ouvrir. C'est une fantastique réalisation à la gloire de l'Empire français, le deuxième du monde, avec ses soixante-dix millions d'habitants. L'immense parc de onze hectares est installé à l'orée du bois de Vincennes et le maréchal Lyautey en a présidé l'organisation. On y trouve la réplique des plus prestigieux monuments de l'Empire, ainsi que des villages africains, un autel des Ancêtres cochinchinois, ou un temple tonkinois. Mais le clou de l'exposition est la réplique du temple d'Angkor-Vat, faite grâce aux moulages de Delaporte… et où des bonzes en robe orange déambulent. Maux se fait un plaisir de le faire visiter à sa sœur et à son frère, étudiants à Paris.

Au ministère, on ne pense qu'à l'Exposition, espérant sans doute susciter des vocations coloniales ! Mais personne ne semble attacher d'importance à la nouvelle qui tombe, le 18 septembre : le Japon vient, par un rapide coup de force, de s'emparer de la riche province de la Mandchourie – qui s'appellera désormais le Mandchoukuo – cette province que Maux traversait il y a tout juste six mois.

Deuxième séjour au Cambodge

Le 14 novembre 1931, Maux s'embarque sur le *Chantilly*, mais il est loin de ressentir la même émotion qu'au précédent départ. Il commence par écrire à ceux qu'il laisse derrière lui et à faire des listes de résolutions : travailler à un rythme moins tendu, ne jamais remettre une difficulté... Pendant le voyage, il fête ses trente ans, le 8 décembre 1931. Puis le commandant le charge d'organiser les fêtes du « Passage de la Ligne » (de l'Equateur) avec les traditionnelles attractions du bord. Débarquant enfin à Saigon, il trouve la ville charmante, avec sa joyeuse animation. Aux Travaux Publics, il arrive auréolé de son tour du monde, de son travail au ministère et des récits de l'Exposition coloniale. On lui prête une voiture pour gagner Phnom Penh, où il parvient juste pour fêter Noël.

Hélas, une mauvaise nouvelle l'attend : la mort soudaine de l'Ingénieur général Pouyanne, ce patron tant admiré. Non seulement il est très affecté par la disparition de celui qu'il considérera toujours comme son seul chef, mais il se sent inquiet pour son avenir. Que va décider le successeur de Pouyanne ? Il se jette dans le travail qui l'attend et multiplie les tournées : Kampot, sur les rives du golfe du Siam, Phnom-Barong, Pursat, le lac Tonlé-Sap ou le pays Pears… Il retrouve avec bonheur ces expéditions hasardeuses, facilitées désormais par l'achat d'une nouvelle voiture. Il installe un véritable bureau à l'arrière du véhicule, avec une table pour déplier cartes et graphiques et, entouré d'interprètes et de techniciens, il reçoit les notables venus lui exposer leurs doléances. Il est conscient, ainsi, de participer aux projets du roi Monivong, qui souhaite moderniser son pays sur tous les plans.

Fig. 2: Caricature de Maux en tournée

Entre deux tournées, ses loisirs sont remplis par le tennis, l'aviron, l'étude du Khmer ou la musique. Il décide de recruter une cuisinière, ce qui lui permet d'organiser des repas chez lui et de recevoir ses amis, dont des Cambodgiens raffinés membres de l'Institut Bouddhique. Cette vie bien réglée ne l'empêche pas d'attraper une pleurésie. Sur ordre médical, il part en convalescence à Dalat, la station d'altitude de Cochinchine, où le climat et une nourriture saine lui rendent bientôt son dynamisme. Il y retrouve des amis planteurs, dont il aime le caractère aventureux. Certains cultivent le thé en altitude, d'autres des hévéas dans les Terres Rouges, à la frontière du Cambodge. Cette région est en plein essor et implante les nouvelles techniques de greffes qu'expérimentent les Hollandais de Java.

Il est convoqué à Saigon, au printemps 1932, pour faire la connaissance du successeur de Pouyanne, Gassier, avec qui l'entente sera excellente. De plus, il est très soulagé de savoir que le plan des Grands Travaux est maintenu et qu'on envisage sa candidature pour l'Hydraulique Agricole de Cochinchine. La réussite de cet ambitieux projet se traduirait par une véritable révolution dans l'agriculture de l'Indochine, en particulier pour la culture du riz. Mais il est convenu que Maux resterait encore un an au Cambodge, afin de terminer les chantiers en cours et de former son adjoint. Désormais l'ingénieur sait que ce pays, qu'il connaît si bien, ne lui réservera plus de surprise. Cependant des événements majeurs s'annoncent. Tout d'abord l'inauguration du premier chemin de fer du Cambodge, en présence de toutes les autorités de l'Indochine. Maux qui, depuis deux ans a supervisé les travaux, est de la partie. Le cortège officiel commence par inaugurer la gare de Phnom Penh, à l'audacieuse architecture, puis il est reçu autour d'un banquet, animé par les ballets royaux et les discours officiels. Ensuite on s'embarque dans les wagons neufs, pour rouler jusqu'à la ville de Pursat car, seul, ce tronçon est terminé, alors que le chemin de fer doit être ensuite prolongé jusqu'à Battambang. Tous sont conscients de l'amélioration incroyable que constitue ce mode de transport pour les paysans. Les officiels prolongent le déplacement par la traditionnelle visite d'Angkor, pour laquelle Maux fait figure de guide.

La dernière réelle aventure à laquelle il participe, est une expédition en pays Moï, en compagnie d'une forte escorte de tirailleurs, commandée par le capitaine Brunet. Le projet est de délimiter le tracé d'une nouvelle route, traversant en ligne droite la chaîne annamitique, afin de joindre Saïgon à Tourane. Car la route *mandarinale* existante, située en plaine, est inondée à chaque saison des pluies. Or le tronçon situé au Cambodge, se trouve en pays Moï, dans une région qui échappe à la colonisation. Les Moïs sont d'indomptables guerriers, armés d'arbalètes. Ils vivent dans des villages fortifiés, cachés dans la forêt. La colonne va marcher pendant huit jours et délimiter la future route, sans rencontrer d'obstacle, car la population s'est enfuie. Mais quelques heures avant d'arriver à destination, le capitaine marche sur une flèche, qui s'enfonce dans son pied et la troupe fait aussitôt demi-tour car, sous ce climat, les plaies se gangrènent vite.

Survient la Fête des Eaux, pour laquelle Maux invite ses amis saïgonnais. Il clôt la journée par un tour en hydravion, grâce à ses bonnes relations avec l'armée française. Puis il a la joie de recevoir son ami américain Philip H. Smith, qui s'est vu commander un article pour le *Mac Gill News,* grand journal canadien. A l'époque, les Anglo-Saxons connaissent très peu Angkor, chasse gardée française. Les deux amis passent cinq journées passionnantes à sillonner le site, qui stupéfie l'architecte. Vient enfin pour Maux le temps des adieux et il va saluer le roi Monivong, qui lui offre son portrait dédicacé.

La Cochinchine

Au printemps 1933, l'Ingénieur en chef Henri Maux est nommé, par décret, responsable de « la Circonscription d'Hydraulique agricole et de Navigation de la Cochinchine », poste auquel il se préparait depuis un an. Pourtant, il est triste de quitter le Cambodge, ce pays où il s'est senti vraiment utile, chargé d'un travail qui a amélioré le sort de la population. De plus, il a apprécié que les Français du Cambodge soient, comme lui, très respectueux de la civilisation Khmère.

La Cochinchine est un « don du Mékong », une riche province caractérisée par une abondance heureuse. En effet sa platitude et le flux et le reflux qui drainent les canaux, sont propices à la culture traditionnelle du riz. Cette alternance rythme la vie des agriculteurs qui sont en majorité des Indochinois, le colonisateur privilégiant d'autres plantations, telles que le thé, le maïs, le tabac ou le caoutchouc. En période de crue, les alluvions de ce fleuve tumultueux viennent s'étaler en un plateau à fleur d'eau qui, joint à un courant côtier continu, allonge chaque année la pointe de Camau. Et l'eau reste douce assez loin en mer. Le fleuve a l'avantage d'avoir un régulateur naturel, le lac Tonlé-Sap - couvrant trois fois la superficie du lac de Genève - qui absorbe l'excès d'eau ne pouvant pas s'écouler par le delta. Les crues arrivent donc très atténuées à Chaudoc, à l'entrée de la Cochinchine. En période sèche, le débit du fleuve diminue et le lac se vide, inversant le courant du Mékong. Mais d'autre part, la marée montante s'introduit dans les terres par d'innombrables ramifications. Et l'eau salée s'infiltre à plus d'une centaine de kilomètres à l'intérieur des canaux. Or la salure de l'eau, c'est la mort des cultures, des buffles et la ruine des paysans. Il s'agit donc d'empêcher l'eau de mer de remonter dans les terres.

Le colonisateur a étudié diverses solutions, comme les « portes des flots », qui bloquent la montée de l'eau salée. Et, pour améliorer le rendement, il a creusé des « canaux mixtes » ou intercalaires. Mais cet ensemble complexe nécessite de continuelles opérations de dragage en raison de l'envasement rapide de l'ensemble.

En 1933, outre les problèmes d'hydraulique, de propriété et de transport des récoltes jusqu'aux usines de décorticage de Cholon, l'objectif principal du service de l'Hydraulique agricole est d'implanter de nouvelles cultures dans la région du Transbassac. Cette terre vierge, située au sud-ouest d'une branche du Mékong, couvre la superficie de six départements français. Elle possède des terres compactes, qu'il faut avant tout irriguer. Seuls quelques propriétaires se sont installés sur une bande de terre, située le long du fleuve, l'arrière-pays restant inculte. Il s'agit donc de créer tout un lacis de canaux et de chercher à diversifier les cultures. L'ingénieur y consacrera l'essentiel de son action pendant les trente mois qu'il passera en Cochinchine. Et le volume des terres drainées équivaudra au creusement du canal de Suez !

Maux est heureux d'appliquer fidèlement les projets initiés par son « chef » Pouyanne. En particulier la généralisation du « riz flottant », invention d'un agriculteur de Chaudoc, fêté désormais comme le bienfaiteur de la région : les tiges du riz s'allongent jusqu'à quatre mètres, suivant la montée de la crue et, lorsque le riz est mûr, la récolte se fait aisément en *sampang*.

L'ingénieur est encore chargé de moderniser la réglementation du Droit de l'eau.

Installé dans un bel appartement au centre de Saigon, Maux va s'atteler à ce lourd travail, bien plus complexe que celui qu'il effectuait au Cambodge. En fait, un ingénieur n'a pas à créer lui-même une œuvre matérielle, si ce n'est par ses conseils et sa volonté. Son rôle est de donner vie au Service et d'imprimer le mouvement aux agents d'exécution. Il délègue les travaux à ses subordonnés, mais en assume la responsabilité. Grâce à sa puissance de travail et à ses déplacements constants, Maux est au courant dans les moindres détails des travaux en cours et il ne s'en laisse pas conter, ni par les autorités ni par les planteurs. Et, comme il aime les décisions rapides, ses méthodes expéditives vont devenir célèbres ! Ainsi il vole au secours d'un paysan qui assistait, désespéré, au naufrage de sa récolte submergée par les eaux. En trois jours, Maux trouve le moyen de gagner Hanoï, de remporter l'accord du Service central et de lancer les travaux de dragage nécessaires. Au travers de ce lacis de canaux, le moindre incident a des répercussions incalculables. Les doléances sont donc nombreuses et souvent justifiées, mais ce qui l'est moins, ce sont les solutions proposées. Ces questions sont si importantes, que les séances du Conseil Colonial y sont souvent consacrées. Le métier d'ingénieur se fait sur la place publique et chacun a son propre avis. On conçoit que Maux ne se fasse pas que des amis ! Il sera même visé par un méchant article de la *Presse indochinoise*, le qualifiant de *« blanc-bec surpayé, à l'avancement trop rapide… »*

Devenu saïgonnais, Maux rencontre beaucoup de monde, d'abord dans le groupe des polytechniciens, puis parmi les Français de la ville. Ainsi il se lie avec les Moitessier, qui lui présentent le couple d'un officier de marine, qui vient de se marier à la cathédrale de Saigon : Pierre et Denise Robert deviendront ses meilleurs amis pour la vie. Grâce à eux, il entrera dans le cercle des intimes du général Bidon, dont l'épouse reçoit beaucoup à l'hôtel de la Division, entourée de ses deux filles. Le général, grand cavalier, passe ses revues au grand galop de son cheval noir et apprécie déjà ce jeune ingénieur, qu'il rencontre souvent à la messe de l'aube. Maux est très sollicité pour les réunions mondaines, en particulier par les mères de filles à marier car, toujours célibataire à 32 ans, il fait figure de gendre idéal ! Pourtant il refuse de se laisser happer par cette vie gaie et superficielle, et cherchera toujours à se préserver des plages de liberté : « *Garder l'esprit missionnaire, plutôt que fonctionnaire, voilà qui est essentiel !* »

Mais à la vie citadine, Maux préfère l'aventure des tournées d'inspection dans le delta. Les déplacements, dans cette région plus aquatique que terrestre, se font en chaloupe à vapeur. La navigation est périlleuse, car les *arroyos* sont encombrés et aucune carte hydrographique ne peut être tenue à jour. Le personnage clé est le *taïcong*, le pilote, qui cherche à éviter l'enlisement du bateau. Maux adore les navigations nocturnes lorsqu'installé sur la plage avant, allongé sur son lit de camp, il observe le clair de lune, qui rend phosphorescente la surface de l'eau.

Au début de 1935, Maux voit son temps en Indochine se terminer. Il fait le point sur son travail avec son chef, M. Gassier, qui constate que les résultats ont dépassé les espérances. Trois mille kilomètres de canaux ont été creusés et l'Indochine est désormais le deuxième exportateur mondial de riz, après la Malaisie. Outre ce travail de création, Maux a harmonisé la circulation des eaux d'irrigation et modernisé le droit de l'eau. Cette expérience originale est à mettre à son crédit et il devient ainsi le spécialiste incontesté de l'Hydraulique Agricole. M. Gassier souhaite voir revenir ce précieux adjoint, après ses sept mois de congés. Pourtant tous deux conviennent, qu'étant donné la crise profonde qui balaie l'Europe et n'épargne pas la France, les crédits des colonies ne pourront que diminuer. Ce ne sera plus le temps de la création, mais celui de l'administration...

Fig. 3: La future Mme Maux à la chasse

Le Front populaire

Entouré d'un groupe d'amis désolés de le perdre, Maux s'embarque pour la France début juillet 1935. Pendant la longue navigation qui l'attend, il aura le loisir de réfléchir à son avenir. Car il sait désormais qu'il ne souhaite pas consacrer toute sa vie à l'Indochine. Lui qui, par sa formation chrétienne, respecte la personne humaine quelle qu'elle soit, a été souvent heurté par l'esprit colonial qui règne dans ce territoire : mépris de l'autochtone, travail forcé, manque de justes places faites aux diplômés indochinois… Pourtant son travail l'a toujours comblé, car il est intervenu dans des domaines que l'économiste René Dumont qualifie de « *travaux protecteurs, effectués pour le bien des autochtones, et non de travaux producteurs, qui ne servent qu'au colonisateur* ».

Maux débarque à Marseille le 2 août 1935, accueilli par son frère et sa sœur. Les retrouvailles sont d'autant plus joyeuses, que se prépare le prochain mariage de Louise, qui épouse un administrateur des colonies. Mais Léon ne peut cacher le pessimisme que lui inspire la situation en France. La « tolérance molle » du gouvernement radical-socialiste peine à s'imposer face aux extrêmes. D'un côté les ligues d'extrême-droite, fascinées par Hitler et Mussolini. De l'autre, les partis de gauche, travaillés par la propagande communiste de

Staline. Le 14 juillet précédent, Paris a été traversé de la Bastille à la Nation, par une immense manifestation des peuples de gauche, formant un front commun contre le fascisme. Cette union s'intitule désormais le « Front populaire ».

Après un court passage au ministère, où tout le monde est en vacances, Maux part rejoindre sa famille à Toulouse, à Naÿ, puis dans les Pyrénées. Il ne manque pas cette fois de passer quelques heures à Ensérune, pour un triste pèlerinage sur les landes de son enfance. L'automne le voit en cure à Vichy puis, l'hiver venu, il part skier à Bagnères-de-Bigorre avec son frère, et dans les Vosges, avec le groupe *X-Montagne*. Il s'agit de l'une des associations créées par des polytechniciens, dans divers domaines. Enfin il s'installe à Paris, dans un meublé du 7° arrondissement, où il parvient tout juste à loger un piano. La ville lui parait morne et froide, après la splendeur des ciels exotiques, mais son bonheur est de visiter expositions et musées ou de passer des soirées théâtrales avec des amis. Enfin il se régale des conférences du Louvre et des concerts du Conservatoire.

Il est lui-même sollicité pour prononcer une conférence, au sein du groupe *X-Cheminots*, pour exposer le rôle des Travaux publics en Indochine. Il n'hésite pas à comparer l'Administration coloniale à un chirurgien géant, aux manches retroussées, qui perce et coud le pays avec les grandes aiguilles que sont les routes, les canaux et les voies ferrées. Et il prône l'esprit d'entreprise que requièrent les problèmes posés outre-mer. Mais il reconnait qu'avec le manque de crédits, cette chirurgie passionnante risque de devenir une fade médecine !

Le ministère des Colonies lui ayant proposé d'effectuer un stage de quelques mois, pour diriger des études au sein de l'Inspection Générale, Maux accepte avec soulagement. En effet, il n'a pas envie de repartir tout de suite en Indochine, où rien de neuf ne l'attend, et il voudrait assister aux événements qui se préparent en France. Mais sa décision n'est pas du goût de tout le monde, en particulier de son patron, M. Gassier qui, de passage à Paris, lui redit avec quelle impatience il est attendu à Saigon. Il retrouve aussi son camarade de promotion Renault, devenu un socialiste convaincu. Celui-ci lui fait part de son enthousiasme pour Léon Blum, qui a pris la tête du parti SFIO et dont il admire le courage et les qualités intellectuelles.

« Tu as beau dire que tu n'adhères à aucun parti et que tu as vécu trop longtemps éloigné de France, à l'époque actuelle, un homme de conviction ne peut que s'engager. Rendez-vous dans trois mois ! »

En mars 1936, Maux s'achète une voiture décapotable, avec laquelle il compte aller assister au prochain mariage de son frère, puis sillonner la France à la belle saison. Il retrouve ainsi son camarade de jeunesse, Hervé Harant, devenu un espoir de la faculté de médecine de Montpellier. Celui-ci propose de lui présenter l'abbé de Naurois, dont il se considère comme le disciple. Ce professeur de la faculté de Toulouse, est l'un des fondateurs de la revue *Esprit*, dont Emmanuel Mounier a pris la direction, et qui donne la parole à quelques écrivains de valeur, souvent de profonde spiritualité. Ils dénoncent les excès du capitalisme et la recherche effrénée du profit. Attachée aux valeurs familiales et nationales, la revue *Esprit* souhaite réduire le rôle du parlement et prône un pouvoir régional accru. C'est une révélation pour Maux de constater qu'il est loin d'être le seul à aspirer à cette autre politique. Beaucoup des lecteurs *d'Esprit* participent aux réunions *d'X-Crise,* créé par un petit groupe *d'anciens,* désireux de discuter librement des problèmes de l'heure. Or ce cercle compte désormais plus d'un millier de participants et Maux, qui se méfiait de cette assemblée trop politicienne, décide d'assister à quelques réunions à caractère économique. Il rencontre ainsi des personnalités politiques, telle que René Pleven, ou intellectuelles, telle que Maritain. Il se lie d'amitié avec Pierre Laroque, spécialiste des questions sociales et René Capitant, professeur de droit à Strasbourg. Tous se présentent comme de vrais démocrates, des hommes de bonne volonté, désireux d'initier de profonds changements, susceptibles de renforcer un état irresponsable.

En avril 1936, les élections voient le succès du Front Populaire. En raison de la prééminence de la SFIO, Léon Blum doit devenir président du Conseil. Alors qu'il constitue son gouvernement, une grève générale éclate, paralysant tout le pays. C'est alors que Maux est saisi d'une proposition inattendue, transmise par son ami Renault. La CGT a obtenu la création d'un plan de « Grands Travaux », susceptibles de résorber le chômage. Ce plan dépend du Secrétaire Général de Matignon, Jules Moch, qui a fait partie d'*X-Crise*. Or Renault a proposé la candidature de Maux pour un poste technique, concernant les questions d'Outre-Mer. Il se trouve que ce dernier approuve certaines des propositions sociales du Front Populaire. De plus son travail au ministère lui parait inutile, et ne justifie pas le prolongement d'un séjour en métropole. Maux accepte de tenter l'expérience, inédite pour un fonctionnaire colonial ! Il se trouve donc en première ligne pour assister à la signature de l'Accord Matignon, le 6 juin 1936.

Dans la grande liesse de l'été 1936, comme des milliers de travailleurs français qui prennent leurs premiers congés payés, Maux part sur les routes de France, dans sa décapotable. Il est invité en Provence par ses amis Robert, qui viennent d'avoir un deuxième enfant. Devant l'insistance de son hôtesse, Maux avoue qu'il est tombé amoureux d'une jeune fille, retrouvée lors d'une soirée parisienne. Il s'agit de la seconde fille du général Bidon, qu'il avait connue à Saïgon. Mais voudra-t-elle de lui ? Elle n'a que 19 ans et lui, avec son cœur tout neuf, compte déjà 34 années ! Denise Robert s'étant chargée d'écrire aux parents de la jeune Hélène, cette démarche va être le point de départ du plus grand bonheur d'Henri. Dès la rentrée, il devient l'hôte privilégié de la rue du Bac, où la famille du général Bidon vient de s'installer. Ce dernier, à qui était promis un siège au Conseil Supérieur de la Guerre, vient d'être mis à la retraite, en raison de ses convictions catholiques. Pendant l'hiver, les jeunes gens apprennent à se connaître, avec un bonheur toujours renouvelé. Ils se marient en l'église Saint Clotilde, le 20 avril 1937.

Or, pendant la période heureuse de ses fiançailles, Maux voit le cours de sa carrière prendre une toute nouvelle orientation. Au ministère, il rencontre l'un de ses *anciens* - Coursin - qui termine pour le compte de la Société des Nations, une mission auprès de Chiang Kaï-shek, le chef d'Etat chinois. Il cherche un remplaçant, car il souhaite rentrer en France pour s'occuper de ses dix enfants. Comment Maux pourrait-il oublier la fascination éprouvée en traversant l'Empire du Milieu ? La SDN a apprécié le travail de Coursin et Maux a reçu la même formation. Quant aux ministères concernés, ils l'encouragent à postuler, souhaitant garder cette affectation flatteuse dans le giron de la France. Ayant consulté sa fiancée, qui se dit prête à tenter l'aventure, La candidature de Maux part à Genève et est acceptée.

Au cours du printemps 1937, Maux commence à supporter difficilement la charge de deux bureaux. D'ailleurs, dans sa future belle-famille, le fait de participer aux activités du Front Populaire éveille la méfiance ! En fait, pour Léon Blum, les difficultés s'accumulent : fuite des capitaux, dévaluation, suicide du ministre de l'Intérieur Salengro, grèves paralysant les usines et les ports… En ce qui concerne les Grands Travaux, leur budget est passé de douze à quatre millions, ce qui annule tous les plans. Et ce qui parait le plus grave à Maux, c'est l'orientation que prend la politique coloniale en Indochine, ce territoire qu'il connaît si bien. Après avoir, par des mesures généreuses, éveillé les espoirs des Indochinois, le gouvernement effectue une complète volte-face, afin de réprimer une situation devenue incontrôlable. De plus Maux est écœuré par les tractations qui se trament dans le bureau voisin, où se décide l'octroi de la Légion d'Honneur. Bref, dégoûté à jamais de la politique, il décide de donner sa démission.

Missions en Chine de l'Est

La grève des dockers de Marseille va retarder de quatre semaines l'appareillage du bateau pour la Chine et le jeune couple patiente à Paris, à l'hôtel du Pont Royal, Son proche départ pour la Chine suscite de nombreuses interrogations et ne manque pas d'inquiéter les parents d'Hélène. En effet, si la situation semble stabilisée depuis le coup de force nippon sur la Manchourie, les Japonais vont-ils en rester là ? Le départ a lieu le 31 mai 1937, à bord du *Paul Doumer*, à destination de Shanghaï. Ces semaines suspendues entre ciel et mer, vont constituer un apprentissage heureux de la vie à deux.

En Chine, Maux va occuper un poste de conseiller technique auprès du gouvernement nationaliste, poste dépendant de la SDN ce qui, à l'époque, est nouveau et exceptionnel. L'organisme international, qui a été créé au traité de Versailles en 1919, réunit une soixantaine de pays. Son but est de développer la coopération et de garantir la paix et la sécurité entre ces peuples. Bien que le président Wilson ait été parmi les initiateurs du projet, les USA ne font pas partie de l'organisation, tandis que l'URSS vient tout juste d'y entrer. Le représentant chinois étant très actif à la SDN, sa demande d'assistance a été acceptée. Il a obtenu des équipes aptes à diriger deux projets d'envergure. L'un dans le domaine médical, pour des campagnes de vaccination dans quatre provinces centrales. L'autre dans le domaine des Travaux publics, pour lequel deux experts ont été nommés : un Français pour les routes, un Hollandais pour les voies fluviales. Ces experts doivent conseiller les ministères, et coordonner les études des jeunes ingénieurs chinois « de retour au pays ». Ils sont nombreux en effet à avoir été envoyés, pour leurs études, dans différents pays : USA, Russie, Europe… Il faut donc harmoniser les diverses formations et utiliser au mieux les compétences. Coursin, le prédécesseur de Maux, l'attend à Nankin pour le présenter aux autorités et terminer la session d'études d'une promotion d'ingénieurs.

Les escales habituelles se succèdent, avec un arrêt à Ismaïlia, chez les amis du *Canal*. Mais l'escale la plus joyeuse est Saigon où, pendant vingt-quatre heures, leurs amis leur font fête. Même M. Gassier, qui se dit si déçu de voir s'échapper son adjoint, est venu de Hanoï pour le rencontrer. En constatant que rien n'a évolué dans le Service depuis son départ, Maux se félicite d'avoir « pris le large ». L'Indochine, en pleine turbulence politique, en raison des décisions du Front Populaire, ne lui aurait offert aucune perspective intéressante. A l'escale de Hong-Kong, Maux constate de nouveau à quel point il aimerait vivre dans cette ville magique. Il faut encore trois jours de navigation pour arriver à destination.

Les Maux débarquent à Shanghaï, le 7 juillet 1937, accueillis par l'ingénieur Kwok, qui représente le gouvernement. Ils s'installent dans un grand hôtel, le premier établissement climatisé de Chine. Shanghaï, le poumon économique du pays, est une ville surpeuplée, à l'urbanisme désordonné. Les Anglais règnent en maîtres sur le *Bund*, et occupent les postes importants. Des repas officiels sont organisés en l'honneur de l'expert, avant qu'il ne gagne Nankin, la capitale.

Après une nuit de train, les Maux sont accueillis à Nankin par Coursin, qui les présente à l'équipe de la SDN, composée d'un cocktail de nationalités ! Le responsable administratif, Taylor, est Ecossais et l'agronome Américain. Les trois médecins sont Allemand, Belge et Français mais on les voit peu à Nankin. Le responsable des voies fluviales, Bourdrez, est Hollandais. Les nouveaux arrivants sont logés dans une pension tenue par une Allemande, qui s'enorgueillit d'héberger le trompettiste privé d'Hitler. Seule dans la journée, Hélène fait sa correspondance et étudie son Anglais ou bien, en compagnie de la providentielle Elisabeth Bourdrez, se familiarise avec la capitale. Car, sachant qu'elle pourra bientôt s'installer dans sa propre maison, elle cherche des artisans pour exécuter les meubles qu'elle a dessinés.

Nankin est une ville étendue, enserrée dans trente kilomètres de murailles, trouées de portes gigantesques, datant de la dynastie Ming. Souvent choisie comme capitale, la ville regorge de monuments antiques : temples, pagodes, ou voies sacrées. Sur la montagne de Pourpre et d'Or, se dresse le monument de Sun Yat-sen, rappelant la création de la République Chinoise en 1911. Henri, quant à lui, passe ses journées avec Coursin, au Conseil national Economique, qui coiffe l'équipe de la SDN. Le Secrétaire général, le jovial Chin Fen, les introduit auprès des ministres dont ils dépendent : Affaires Etrangères et Communications. Ce dernier insiste sur une mission qu'il juge urgente, en raison des menaces japonaises. Il s'agit d'aller inspecter les routes d'accès aux ports du sud, susceptibles de remplacer Shanghaï, dont l'emplacement parait trop vulnérable.

Car la situation s'est brusquement tendue ! Le jour même où les voyageurs ont mis le pied en Chine, le 7 juillet 1937, a éclaté un « incident » entre soldats japonais et chinois, aux environs de Pékin. Cela s'est passé au pont Marco Polo, à Lukou Chao. L'incident est envenimé et provoque un afflux de troupes nippones qui, fin juillet, encerclent Pékin. Il s'agit du premier acte des hostilités, qui vont dégénérer en une guerre implacable qui durera sept ans. Tandis que le mois d'août s'avance, l'angoisse devient extrême dans les sphères gouvernementales, car les troupes japonaises passent partout à l'offensive. Elles débarquent dans la région de Shanghaï, mettant la ville en état de siège. Coursin, qui est sur le point de rentrer en France, s'inquiète du sort de son successeur. Quant à ses élèves ingénieurs, ils ont tous regagné leurs provinces.

A Nankin, les bombardements débutent le 28 août. La panique est générale et la population chinoise, affolée, se précipite dans les quartiers européens, pour se blottir sous les drapeaux. La direction de la SDN décide d'évacuer ses ressortissants, et affrète un bateau pour remonter le Yangtzé, seule issue possible. Il s'agit de rejoindre Hankéou, au centre du pays, où les membres du gouvernement se replient. Toute l'équipe des experts s'installe à bord de « *l'arche de la SDN* », en n'emportant qu'un petit bagage. Dans leur maison, les Maux laissent sur les étagères neuves, tous leurs cadeaux de mariage ! Pourtant le sort des experts est enviable, par rapport au martyre que va subir la population de la ville. Le « sac de Nankin », restera dans toutes les mémoires et comptera parmi les crimes de guerre les plus atroces. Le siège durera quatre mois et les armées japonaises vont ensuite massacrer sans pitié la population civile.

A bord du bateau surchargé, les Maux jouissent d'une minuscule cabine, vite étouffante dans la canicule, qui permet cependant à Hélène de se reposer, car elle est fatiguée par un début de grossesse. Mais l'hygiène devient inexistante et la nourriture infecte. Le seul bon repas des jeunes mariés, est à bord d'un *aviso* français, croisé sur le fleuve et commandé par leur ami, le lieutenant Sauvy.

Parvenu à Hankéou, Maux retrouve le ministre des Communications qui lui recommande de rallier Canton, afin de commencer son inspection des routes du sud du Kwantung. Il faut d'abord gagner Wuhan la ville jumelle de Hankéou, où se trouve le terminus du train. Celui-ci, en ligne droite nord-sud, atteint Canton en trois jours. Dans ce port, l'île de Shameen est une concession internationale, où les voyageurs peuvent se reposer. Mais il faut vite repartir, car Maux a réussi à réserver une cabine pour sa femme sur le *Canton,* qui fait la jonction entre Hong Kong et Haïphong. Il juge en effet qu'elle sera plus en sécurité au Tonkin, plutôt que dans une ville chinoise où elle ne connaîtrait personne. Le couple s'embarque sur un caboteur, qui arrive à Hong-Kong, la veille du départ du *Canton* et les jeunes gens se séparent dans les larmes… Hélène va s'installer à Hanoï, à l'hôtel Métropole, qui deviendra sa résidence pendant des semaines. Elle est entourée d'amis attentifs et d'un médecin qui veille sur sa santé. Elle est enfin rassurée, car en Indochine, n'est-elle pas chez elle ?

Missions en Chine de l'Ouest

Ayant regagné Canton, ville submergée de réfugiés, Maux est logé par le directeur de l'hôpital. Mais il dort mal, car les Japonais commencent à bombarder les forts qui défendent la ville. Il apprend que la SDN lui recommande de rester en Chine, puisqu'étant le seul ingénieur des Ponts, sa présence est jugée indispensable.

Il se présente donc au gouverneur du Kwantung, qui lui expose la situation de sa région. Les travaux de la grande route, qui doit joindre Canton à Wuhan, sont interrompus en raison de la révolte des porteurs. Ceux-ci voient, dans la future route, la ruine de leur monopole du transport des voyageurs. Maux quitte Canton le 15 septembre, avec les représentants du gouverneur. Ils s'arrêtent souvent pour vérifier asphalte et ponts, et campent le soir dans les villages. Lorsque la route se termine, les fonctionnaires rentrent à Canton, tandis que l'expert et les techniciens continuent en chaise à porteurs. Ce périple va durer huit jours, dans un paysage splendide. Parvenu au Hunan, le groupe poursuit en voiture jusqu'à la ville de Changsha, où s'est installé l'organisme gouvernemental qui dirige les travaux. En compagnie de l'ingénieur Chow, qu'il trouve très compétent, Maux fait le point sur l'inspection et envoie son rapport. Il ne lui reste qu'à regagner le Tonkin, en traversant la province du Kwangsi, dans une voiture de service qui est mise à rude épreuve, tant les routes sont mauvaises et absolument insuffisantes pour supporter le poids de camions. En arrivant au Tonkin, il va se pencher aussi sur le problème des innombrables bacs et envoyer à Chow un plan de ponts en solides rondins, que l'ingénieur chinois améliorera encore.

Il parvient à Hanoï le 11 octobre, à l'issue de cette 1° mission, qui a duré vingt-six jours. Son épouse est enchantée d'aller passer une semaine au Tam Dao avec son mari. Il s'agit de la station d'altitude du Tonkin, où les coloniaux vont se reposer. Hélas, ces vacances sont de courte durée, car un télégramme rappelle Maux à Hanoï pour rencontrer le maire de Canton, Tsung, qui vient de s'installer à Hanoï et souhaite inspecter la province du Kwangsi en compagnie de l'expert. En fait, le véritable but de la présence de Tsung est de négocier avec les autorités françaises le transit, par la colonie, d'un stock de deux mille tonnes de matériel militaire allemand, bloqué à Saigon. Il n'obtiendra d'ailleurs pas satisfaction et en sera réduit à acheter une centaine de camions Ford, qu'il fera charger à sa convenance. Maux est sollicité par son ancien patron, M. Gassier, qui s'est rendu compte que l'expert pourrait être utile, grâce aux liens qu'il a noués avec les autorités des provinces limitrophes. Il confie à Maux la demande de Tu, le directeur des chemins de fer du Kwangsi, qui veut construire une nouvelle voie ferrée évitant le Yunnan.

La deuxième mission commence le 31 octobre, en compagnie du maire de Canton, et elle ne dure que dix jours. Tsung et son équipe traversent la province du Kwangsi. Puis tous rentrent à Hanoï, laissant Maux en compagnie de l'ingénieur Chow. A Kweiling, tous les deux vont chercher à trouver des solutions aux problèmes posés sur les mille kilomètres parcourus et se donnent rendez-vous une semaine plus tard. …Lors de son retour au Tonkin Maux a la surprise de retrouver sa femme à la ville frontière de Longchow. Car celle-ci, négligeant les mises en garde, a pris la route avec une voiture et un chauffeur, et se dit enchantée de son escapade ! A Hanoï, n'ayant aucune nouvelle de Chow, Maux décide d'aller à sa rencontre sur les routes du Kwangsi. Il apprend alors que les gouverneurs des trois provinces chinoises du sud ont été limogés, pour manque de zèle et sont remplacés par des militaires. Chow n'a pas eu le temps de le prévenir ! L'expert est reçu partout avec reconnaissance et il se contente de corriger quelques erreurs auprès des techniciens.

Puis l'expert est saisi d'un nouveau problème, par les autorités du Kwangsi. Il s'agit du tracé de la « *route de l'antimoine* », ce minerai fort rare étant exporté par la Chine, dans la région de Cao Bang. Or les avis diffèrent entre Français et Chinois, quant au tracé de la future route. L'expert est donc prié d'aller, sur place, pour trancher la question. Il part de Hanoï avec une voiture du consulat de Chine et une forte escorte, car cette région est infestée de bandits. Il continue à cheval et, pendant quatre jours, parcourt les deux tracés possibles, pour constater que la proposition chinoise est la meilleure. A Hanoï, il emporte l'adhésion de son ancien Service et les travaux vont commencer, pour la plus grande satisfaction des Chinois.

Toutes ces tournées mettent Maux en excellente forme physique. Il se fait une joie d'accompagner sa femme aux conférences sur Angkor de son ami Golubeff, de visiter le musée de Hanoï avec le conservateur Coédès, ou d'aller au bal des Polytechniciens, qui fait accourir toute la colonie. Il finit enfin par avoir un contact direct avec la SDN « *heureusement surprise que ses experts n'aient pas fui comme des lapins !* » Elle a décidé d'augmenter son aide médicale et de maintenir la mission des ingénieurs. En outre, le gouvernement chinois vient de demander à Maux d'aller prendre désormais ses consignes auprès de TV Soong, à Hong Kong. L'expert a déjà rencontré le beau-frère de Chiang Kaï-shek qui est, de l'avis général, la personnalité la plus remarquable du gouvernement nationaliste et qui vient de reprendre en mains le dossier des communications.

Le jour de Noël 1937, Maux s'embarque à Haïphong pour gagner Hong-Kong, où TV Soong l'invite aussitôt à dîner. Sont aussi présents Tsung, le maire de Canton, Tu, le directeur des chemins de fer du Kwangsi et Marius Moutet, l'ancien ministre des Colonies du Front populaire. Interrogé sur ses trois mois d'inspection Maux détaille ses observations, cartes à l'appui. TV Soong, qui l'a écouté attentivement, se répand en amers reproches auprès de Tsung, pour lui avoir caché les délais nécessaires à l'achèvement de la route nord-sud, d'un intérêt stratégique primordial. Et il lui ordonne de repartir, en compagnie de l'expert, pour inspecter la future route Hong-Kong-Canton.

Le départ de cette 3° mission – qui va durer une petite semaine - a lieu le 2 janvier 1938, à l'aube, dans une voiture où prennent place le maire de Canton, d'une humeur massacrante, et quelques techniciens. La frontière de la colonie anglaise franchie, on s'installe dans un camion militaire, conduit par un très chic chauffeur aux bottes de cuir. Les ponts ont été bombardés une heure auparavant et l'inspection est difficile, la route étant souvent inexistante. En arrivant à destination, le maire de Canton passe sa mauvaise humeur sur les techniciens. Mais le plus grave ne vient-t-il pas de la mésentente existant entre les différentes administrations qui dirigent les travaux ?

A Honk-Kong, où est arrivé depuis peu Taylor - le responsable de la mission S.D.N - Maux a la bonne surprise de retrouver son collègue hollandais François Bourdrez. Ce dernier a aussi parcouru la même route et essuyé le bombardement japonais. Tous deux décident d'harmoniser leurs rapports pour les soumettre à TV Soong. Ils sentent d'ailleurs qu'ils ont capté sa confiance, en n'hésitant pas à aller sur le terrain. Et Soong demande à Maux de repartir inspecter les routes du sud Kwangsi, région notoirement mal desservie.

Le 10 janvier, l'expert part pour sa 4° mission, en compagnie de l'ingénieur Wong Pong. Le périple commence par 48h de navigation sur la rivière Si Kiang, et leur bateau échappe de peu à un raid japonais. Arrivés à Wuchow, ils sont accueillis par le directeur de la Reconstruction, Chen, qui tient à les accompagner jusqu'à la capitale de la province, Kweiling. Ils parcourent ainsi, pendant quatre jours, l'une des plus belles régions de Chine. Le gouverneur les attend, plein de reconnaissance envers Maux qui lui a obtenu « *la route de l'antimoine* ». Chen s'enhardit alors à exprimer au Français sa déception de ne rencontrer aucune aide de l'Indochine, pour l'installation de ponts Eiffel, qui seraient si utiles à sa province. Maux promet de s'en occuper à son retour, ce qu'il fera un peu plus tard, en compagnie du représentant Eiffel, Martin, qu'il connaît bien.

Les voyageurs reprennent leur route vers l'est, pour délimiter une route directe jusqu'à Canton. L'équipe franchit à pied, puis à bicyclette, plus de 300 kilomètres et délimitent deux tracés possibles. Maux est frappé par la sérénité de ces campagnes fertiles, où les villageois s'astreignent à la préparation militaire des jeunes et à la propagande anti-japonaise. Arrivé à Kwoning, l'expert retrouve Bourdrez, et ils prennent aussitôt le chemin du retour. Parvenus à Hong-Kong, ils présentent à T.V. Soong leurs conclusions et un devis chiffré des travaux. Soong va aussitôt débloquer les fonds, ravi de savoir que si tout avance correctement, le trajet Canton - Kweiling pourra se faire en deux jours. De plus, les experts tiennent à lui faire part de l'excellente organisation constatée au Kiangsi, contrairement au Kwangtung, qui donne une impression de grande inefficacité.

Le pied léger, Maux s'embarque pour Hanoï le 30 janvier, après une absence de cinq semaines. Sa femme s'est inquiétée de le savoir sous les bombes, mais elle a eu le bonheur de se faire une véritable amie, l'épouse d'un administrateur, que son mari avait connu au Cambodge, et qui l'a invitée chez elle. Hélas, une mauvaise nouvelle attend Maux à son retour : le gouvernement français, vient de céder aux pressions japonaises : désormais, l'Indochine a l'interdiction d'aider la Chine à convoyer ses marchandises. Voilà le meilleur moyen de s'aliéner le gouvernement nationaliste !

Il repart pour Hong Kong le 26 février 1938, et arrive le jour où les vingt-deux camions de la mission médicale de la SDN, doivent gagner Canton. Taylor lui demande de les accompagner, ce qui lui permettra d'inspecter les travaux de la future route. Hélas, la chaussée est toujours défoncée, et les ponts n'ont pas été rebâtis. Cela confirme l'impéritie des ingénieurs du Kwangtung, qui ne quittent jamais leurs bureaux. Maux remet son rapport au frère de TV Soong, qui coordonne désormais les convois militaires. Puis il quitte la colonie anglaise, un télégramme le convoquant à Hankéou.

Missions autour de Hankéou, capitale provisoire

Il s'y rend en avion, le 6 mars, et retrouve son interlocuteur devenu maître de l'armée de l'air. La ville accueille les membres du gouvernement de façon provisoire, car beaucoup ne songent qu'à s'installer plus à l'ouest. Ayant trouvé une chambre dans la concession française, Maux va chaque soir, sur le toit de l'hôtel, assister au ballet des avions japonais, qui bombardent l'aéroport. Dans cette capitale provisoire, les délégations étrangères sont nombreuses. Mais la plus importante est celle de l'Allemagne qui vend des armes aux Nationalistes, alors qu'elle est la meilleure alliée des Japonais ! Ces derniers ont lancé une grande offensive dans le nord du pays, et se heurtent à la résistance de la 8° armée, composée surtout de troupes communistes. Mais, plus grave, ils attaquent le nœud ferroviaire de Hsüchow, au sud de Nankin, vital pour l'avenir du pays.

S'appuyant sur la stricte neutralité de sa position, Maux repousse la suggestion de T.V Soong, qui veut recevoir une aide pour aménager les aéroports militaires. Il retrouve Chin Fen, qui lui présente le directeur des Routes, Chao. Les deux hommes lui demandent de partir en mission dans les provinces voisines du Hunan et du Hupeh, avant de poursuivre vers l'ouest, jusqu'à Kunming. Personne n'évoque devant lui la volte-face de son gouvernement mais, au contraire, les Chinois sont reconnaissants de le voir rester en place.

Le 17 mars, Maux part pour sa 5° mission en compagnie de l'ingénieur Hsiao, un grand chinois sympathique, qui sort de Harvard et parle anglais. Les deux hommes vont nouer une profonde amitié et, chaque soir, Hsiao s'efforce de faire progresser son ami dans l'apprentissage du Chinois. Il s'agit pour eux de tracer une boucle plein ouest, par Ychiang, et de traverser le Yangtzé à Shatsi, où il faut établir un nouveau bac. Mais sur une centaine de kilomètres, la route mal empierrée s'écroule, tandis que les ponts ont été emportés par la crue du fleuve. Dans cette région reculée, on patauge dans la boue et la voiture s'enlise. On croise des files de soldats bien alignés, mais n'ayant qu'un fusil pour trois et une mitrailleuse pour mille. Trempés et boueux les ingénieurs finissent par arriver au Hunan, où l'auto file bon train. Hélas, l'accueil à Changsa est décevant, car l'ingénieur Chen a été jeté en prison par le gouverneur militaire. L'expert se jure d'écrire à TV à son sujet, car il considère Chen comme l'auteur de la parfaite organisation du Hunan. En fait l'ambiance a bien changé dans la province et la guerre est partout présente.

Coup de théâtre, un télégramme arrive pour Maux, le rappelant d'urgence à Hanoï, pour « *la naissance imminente* » de son premier enfant. Hsiao va donc partir seul pour la mission vers l'ouest et les deux hommes se donnent rendez-vous à Kunming. L'expert traverse à toute vitesse la province du Kwangsi, en empruntant trois voitures et quatorze bacs. Il retrouve son épouse bien remise d'une fausse alerte et, décide de rester avec elle jusqu'à la naissance. Pendant ce mois tranquille, il se plonge dans les lettres familiales. La situation en France est inquiétante, entre l'angoisse de l'Anschluss et la valse des présidents du Conseil ! La SDN, quant à elle, ne sait où installer ses équipes en Chine. Maux, qui lui a envoyé ses rapports de mission, tient à réaffirmer sa position de stricte neutralité, contrairement à ce que prétend la propagande japonaise. De plus, il décide d'expédier le double de ses rapports à son ami Diethlem, du ministère des Colonies, pour préciser les intentions nationalistes. Ne se dirige-t-on pas vers la création d'un noyau de Chine indépendante, à l'extrême ouest du pays qui, en raison de l'immensité chinoise, resterait inviolable ?

Une petite fille naît le 27 avril à la clinique, où Maux s'installe sur un lit de camp. Et avec une patience qu'il ne se connaissait pas, l'heureux père reste des heures à regarder son enfant s'éveiller à la vie !

Une semaine plus tard, laissant son épouse dans la béatitude d'une maternité toute neuve, il décide de faire un saut à Kunming, pour revoir Hsiao. Il emprunte donc le chemin de fer du Yunnan, et y retrouve le directeur, son camarade de promotion Clerget, qui lui détaille tous les points remarquables de cette ligne mythique. Puis il découvre Kunming, belle ville ancienne, enserrée dans ses murailles. Il est logé à l'hôpital Calmette, où le directeur offre le vivre et le couvert aux Français de passage. Hsiao n'arrivant toujours pas, Maux peut se pencher sur une demande des Chinois : ils veulent raccorder le chemin de fer du Kwangsi à la ville de Kunming, mais les tracés diffèrent. L'expert découvre le projet Tolard, simple et direct, et insiste pour qu'il soit choisi. Il a le temps de rentrer à Hanoï, pour installer son épouse au Tam Dao, dans une annexe du Métropole. Mais il lui faut bientôt repartir pour la longue mission qui l'attend.

Ayant retrouvé Hsiao à Kunming, la 6° mission démarre vers l'est, le 13 juin, pour faire la jonction avec Hankéou. Les deux hommes partent dans une voiture des Travaux publics, suivie d'une escorte armée. Ils parcourent la belle et riche province du Yunnan, grâce à une excellente route. Mais quand ils arrivent à la frontière du Kweichow, la situation s'avère bien différente. La route qui traverse les hautes montagnes « *en ligne droite* », est exécrable et les ingénieurs sont indignés que les efforts démesurés pour construire pareille route, à 2000 mètres d'altitude, aient conduit à un si piètre résultat ! Enfin on arrive au fameux pont sur la Pankiang, qui s'était écroulé deux mois auparavant. Là aussi, l'ingénieur est resté dans son bureau de Chungking. Surchargée de fournitures, une passerelle s'est écroulée, tuant 38 hommes et interrompant tout le trafic. Hsiao, arrivé là par hasard, avait contacté Maux, et obtenu de l'Indochine le prêt d'une travée métallique de quarante mètres. Mais les autorités chinoises ont préféré construire un nouvel ouvrage, que Maux juge trop léger.

Le 18 juin, en arrivant à Kweiyang, la capitale de la province, le gouverneur leur apprend que la route vers Hankéou est submergée par l'inondation. Les ingénieurs effectuent une rapide inspection sur la route qui mène au Hunan, plus au sud. Là aussi la route pèche par manque d'entretien et est encombrée de convois militaires. Les voyant toujours bloqués, le gouverneur leur demande une nouvelle expertise. En fait, personne n'est satisfait des travaux du pont sur la Pankiang, et on juge qu'il serait plus sage de tracer une route plus au sud. Partant le 29 juin, par une chaleur suffocante, la petite équipe va aller reconnaître les deux emplacements envisagés. Ce sont deux vallées profondes, qui ne sont accessibles qu'à pied ou en chaise à porteurs. Les ingénieurs vont conclure qu'il est impossible d'y construire un pont et qu'il faudra aller encore plus au sud, près de la voie de chemin de fer. A leur retour, ils apprennent que la route vers Hankéou est enfin praticable. Mais il faut d'abord passer deux jours épouvantables sur les routes du Kweichow, encombrées de camions qui ne ralentissent jamais. Puis, au Hunan, la voiture file bon train et Maux constate que les bacs sont en train de se moderniser, selon les plans qu'il avait envoyés.

Maux arrive à Hankéou le 14 juillet, et se précipite au consulat de France, où il est accueilli avec des cris de joie. Tout le personnel diplomatique est sur le point de s'embarquer sur une canonnière française, qui va remonter le fleuve jusqu'à Chungking, la nouvelle capitale choisie par Chiang Kaï-shek. Cette grande ville, de la province du Szetchouan, qui est au cœur d'une région lointaine et enclavée, posera de graves problèmes de communications. Maux passe deux joyeuses soirées chez ses amis Georges-Picot, sur le départ eux aussi. Il revoit Chin Fen qui lui annonce triomphalement avoir obtenu de la SDN a prolongation d'un an de la mission des deux ingénieurs. Le directeur de Routes Chao, le félicite du périple accompli et se montre très fier d'avoir construit à Satchi, le premier bac *« en estacade à redond »* de Chine, selon les plans de l'expert. Il doit partir inspecter les ponts de la région de Chungking et convainc Hsiao de l'accompagner. Maux, quant à lui, se sait attendu à Hong Kong.

Fig. 4: Chaises à porteurs en Chine

Chine : capitale Chungking

En arrivant dans la colonie anglaise, Maux manque TV Soong d'une journée. Comme son bateau pour le Tonkin ne part que trois jours plus tard, il décide d'aller jusqu'à Canton et d'inspecter une fois encore la route directe qui, hélas, n'a fait aucun progrès. Cela lui permet de retrouver à Canton ses collègues médecins, en plein désarroi. Car ils sont épuisés par les bombardements et submergés par les réfugiés, malades du choléra : ils attendant les millions de vaccins promis par la SDN. Maux en profite pour passer une visite médicale approfondie, afin d'obtenir l'aval de la nouvelle assurance – vie, choisie par la SDN. Et, le 30 juillet, il s'embarque de Hong-Kong sur le Canton, avec le sentiment de laisser la Chine centrale en plein chaos.

Après un mois et demi d'absence, il retrouve Hélène au Tam Dao, en compagnie de son superbe bébé. Elle a été rejointe par des familles amies, fuyant la chaleur de Hanoï, si bien qu'elle n'a pas trouvé le temps long, De plus, les lettres quotidiennes de son mari arrivent toujours, même du fond de la Chine. Bientôt, ayant appris que TV Soong comptait venir à Hanoï, Maux va lui faire part de ses dernières inspections. Désormais, la confiance de Soong est telle, qu'il lui laisse carte blanche pour commander les ponts métalliques nécessaires au Yunnan. Puis Soong repart à Hong-Kong, tout en lui recommandant de retourner inspecter les routes, du sud-Kwangsi Pendant les deux mois que Maux passe au Tonkin, il accueille Bourdrez, de retour de vacances. Grâce à lui, il a des nouvelles de la SDN. A Genève, les fonctionnaires sont horrifiés par les récits du représentant chinois W. Koo, qui a exposé les crimes de guerre japonais. Mais il n'a pas caché que les Chinois avaient rompu eux-mêmes les digues du Fleuve Jaune, pour empêcher l'avancée ennemie.

Le départ pour la 7ème mission a lieu le 25 septembre 1938, contre l'avis général. En effet tous pensent que la guerre en Europe est imminente. Mais Maux veut profiter du départ d'une mission médicale, pour voyager en convoi. Ils passent par Langson puis, par des routes défoncées, ils mettent six jours à atteindre l'enclave française de Kouang Tchéou-van. Le consul de France leur fait part de l'inquiétude de sa communauté qui s'apprête à fuir, malgré le calme de la province. L'équipe de la SDN arrive à Canton le 30 septembre, pour apprendre la signature des Accords de Munich. Tandis que tous sablent le champagne, Maux ne se sent pas à l'unisson de ce « *lâche soulagement* » et regrette que la France ait trahi sa parole.

Il prend le train pour Hong-Kong, où il retrouve TV Soong, dans une grande inquiétude : d'énormes troupes sont massées autour de Hankéou, mais une attaque n'est-elle pas prévue sur les côtes du Kwantung ? Il insiste pour que Maux accélère l'inspection des routes de l'ouest de la province et il est convenu qu'il partira de Canton, en convoi, avec l'équipe médicale du docteur Dorolle, qui doit gagner Swatow. La progression du convoi est lente car il faut s'arrêter dans chaque hôpital pour décharger du matériel. Ces établissements sont impeccables, mais les lits sont vides « *Pour ne pas déranger la belle ordonnance* !» Seul un hôpital américain baptiste, est bondé et en prend avantage pour obtenir un maximum de médicaments.

Le 12 octobre à l'aube, un bombardement intense s'abat sur la zone que le convoi vient de quitter. Est-ce l'attaque japonaise ? Pourtant aucun préparatif n'avait été constaté les jours précédents. Il est donc prudent de s'éloigner au plus vite de la côte, ce que fait aussitôt le convoi, qui gagne, par d'invraisemblables routes de montagnes, la petite ville de Meishen. Ils apprennent alors qu'il s'agit bien du débarquement ennemi, qui a eu lieu à Bias Bay et que les Japonais occupent déjà la route à l'est de Canton. Le convoi roule sans désemparer pendant vingt-deux heures, ralenti par les camions militaires se dirigeant vers la côte. Ils arrivent enfin à Canton, par la route nord-sud, magnifiquement modernisée, et rejoignent ainsi la base médicale de SDN, au sein d'une population affolée.

Maux ne veut à aucun prix rester bloqué à Canton car il n'a aucune confiance dans la capacité de résistance du gouverneur. Il décide de gagner Kouang Tchéou-van, avec le docteur Yung et finit par convaincre Dorolle et sa femme de se joindre à eux, en emportant le matériel médical. Ils arrivent épuisés dans l'enclave française, après vingt-trois heures de voyage. Tandis que le couple continue vers le Tonkin, l'expert gagne Hong-Kong à bord d'un cargo portugais, qui transporte des cochons. Il arrive dans la colonie anglaise - désormais coupée du continent - et y retrouve TV Soong. Ce dernier est complètement démoralisé par la chute sans combat de Canton, le 21 octobre, puis par celle, plus prévisible, de Hankéou, le 25 octobre.

Maux quitte enfin l'île, pour arriver le 2 novembre à Hanoï. Il découvre alors à quel point la situation en Europe, puis son propre sort ont inquiété ses proches ! Des bruits affolants ont circulé dans la ville, mais Hélène n'a pas voulu les écouter et a poursuivi son installation dans sa nouvelle maison, prêtée par les autorités de la colonie. Elle a toujours jugé son mari invulnérable, malgré les bombes japonaises. Le couple va, pendant quelque temps, avoir l'illusion de jouir d'un vrai foyer ! A Genève, après un total affolement, le retour des experts au Tonkin, a calmé les esprits. La SDN a décidé d'installer sa base à Hanoï et confié à Maux le soin de trouver des locaux, que ce dernier loue dans l'immeuble du Crédit foncier. Puis il propose à sa femme de l'accompagner à Kunming, où ils s'installent à l'hôpital Calmette. Maux compte préparer sa 8° mission qui, à la demande de TV Soong, le mènera sur la route de Birmanie, dont on lui rapporte d'inquiétants échos. Il tire de ce séjour une impression optimiste, en constatant le dynamisme qui s'est emparé de cette province rurale.

Fig. 5: Le Dragon de l'Est, inspection sur la route de Birmanie

La 8° mission démarre à Kunming le 17 novembre, dans un camion qui s'intitule fièrement *Le Dragon de l'Est*. Maux est accompagné de l'ingénieur Chao, qui doit l'assister jusqu'au pont de la Salouen qui, s'étant écroulé, interrompt le trafic depuis un mois. Les premiers quatre cents kilomètres – jusqu'à Talifu - se font dans la journée, car la route est correcte. Mais ensuite, elle devient si médiocre, qu'on ne peut pas franchir plus de cent kilomètres dans la journée. Les ingénieurs n'ont pas tenu compte du ruissellement des eaux de pluie, qui causeront des éboulements catastrophiques en saison des pluies. N'est-ce pas aussi le résultat des conflits entre les organismes chargés des travaux ? Aucune coordination n'a été prévue…

Fig. 6:: Les ingénieurs sur le pont de la Salouen

Arrivés au pont sur la Salouen, les ingénieurs ont la surprise de le trouver opérationnel. Maux gagne la frontière de la Birmanie, puis le terminus du train à Lashio. Parvenu à la capitale, Rangoon, il s'envole vers Hong Kong, car il juge urgent de prévenir TV

Soong, de l'état inquiétant de cette route de Birmanie, qui risque de revêtir une telle importance pour l'avenir. Ce rapport va tellement intéresser son interlocuteur, qu'il l'envoie aussitôt à Chiang Kaï-shek.

Maux rentre au Tonkin pour Noël, heureux de passer cette fête en famille, agrandie de son beau-frère Louis Ruffel : l'inspecteur des Colonies est au Tonkin pour six mois. Un vent d'optimisme souffle, car les échos internationaux disent que les Japonais - poussés par leurs alliés - ont décidé de se contenter de leurs conquêtes présentes.

A la mi-janvier, Maux part pour Kunming où il retrouve l'ingénieur responsable de la route de Birmanie qui, sans aucune directive, le supplie d'aller à Chungking, chercher du soutien. L'expert s'envole pour la nouvelle capitale et, en vol, découvre un paysage éblouissant, bordé par la chaîne de l'Himalaya enneigée, que les Américains ont surnommée *the Hump*. Le terrain d'aviation est une bande de terre au fond de la vallée du Mékong, De là, on gagne la ville par des escaliers interminables, qu'escaladent les porteurs jusqu'en haut des falaises. Le comité d'accueil est composé de Chin Fen et de diplomates de l'ambassade, car Maux apporte du champagne et l'habit de Georges Picot. Ce dernier lui prête sa voiture et Maux loge à la *Guest House*, prévue pour les hôtes de marque.

Maux va passer dix jours dans la nouvelle capitale dont il découvre le grouillement humain, et l'existence des tunnels, permettant aux habitants d'échapper aux raids aériens. Mais son rapport sur la route de Birmanie, expédié par TV Soong, n'est jamais arrivé ! Le ministre des Communications reçoit l'expert et lui confie trois missions : intensifier le trafic du chemin de fer du Yunnan, retourner sur la route de Birmanie, et vérifier les routes à la frontière du Tonkin. Entre ces missions Maux peut séjourner à Hanoï, où sa femme doit quitter sa maison pour réintégrer le Métropole. Les Bourdrez sont rentrés de vacances et elle va faire à Elisabeth les honneurs de la ville,

A Kunming, le départ de la 9° mission a lieu le 2 avril 1939, avec l'ingénieur Ling et le journaliste français Fabre-Luce. La fête de Pâques les surprend à Talifu et Maux est heureux de la passer en compagnie des pères de Betharram, son lieu de vacances favori dans les Pyrénées. La route, presque achevée, est excellente en saison sèche. Mais les pluies non anticipées causeront des ravages. Des camions de munitions passent encore, mais que fera-t-on en saison des pluies, pour évacuer les canons et les munitions qui s'entassent au poste frontière ? Ayant gagné Rangoon en train, Maux s'envole pour Hanoï où il arrive pour fêter son 2° anniversaire de mariage. De retour de Chungking, le nouvel ambassadeur de France en

67

Chine, M. Cosme, demande à le voir et lui fait part de son étonnement devant l'extrême popularité dont jouit l'expert, tant à l'ambassade que dans les milieux officiels chinois.

La 10° mission va se dérouler autour de la RC4, dans le secteur de *la route de l'antimoine*. Les Chinois veulent, tracer une route en ligne droite, de Chungking à la frontière du Tonkin, dans le but d'éviter de traverser le Yunnan, dont les taxes sont trop élevées. Ils doubleraient la route par la nouvelle ligne de chemin de fer. Maux se rend compte que, du côté français, la RC4 est insuffisante pour supporter de lourds camions et que la France refusera d'envisager d'importants travaux.

A la recherche de Bourdrez

S'ouvre alors à Hanoï, une période de calme pour le couple Maux, qui vit ses derniers mois au Tonkin. Il vient de recevoir l'accord de Genève pour rentrer en France, via les Indes Néerlandaises, pays dont Bourdrez lui a tant parlé ! Maux, qui a la responsabilité du bureau de la SDN pendant les vacances de Taylor, s'efforce de mettre au clair la comptabilité. Il est aidé par Richard, un collègue qui vient d'arriver.

A la fin du mois de mai, une terrible nouvelle parvient au bureau : Bourdrez et son équipe ont disparu dans la vallée du Haut Yangtzé, où ils effectuaient une mission. Celle-ci consistait à créer une voie de flottage, en amont de Chungking, pour faciliter les échanges entre le Yunnan et le Szechouan. Cette région, peuplée de Lolos, étant inexplorée, Bourdrez avait demandé une escorte armée, qui s'était jointe à l'équipe des hydrauliciens. Il avait expliqué à Maux, qu'une fois le fleuve atteint, il le descendrait sur 250 kms, soit en bateau, soit à cheval. Or dans cette région très encaissée, les eaux du fleuve arrivant des montagnes, sont tumultueuses. Le bateau, où s'étaient embarqués une quinzaine d'hommes, n'était en fait qu'un radeau propulsé par de longues rames. Il avait été happé par de violents remous et les mariniers en avaient perdu le contrôle. En tourbillonnant, l'esquif s'était désintégré. Tous les passagers s'étaient noyés, sauf un vieux marinier qui, ne sachant pas nager, s'était cramponné à une corde et, rejeté sur la rive, avait donné l'alerte.

Maux, quant à lui, n'arrive pas à croire que Bourdrez, cet excellent nageur, ait pu se noyer. Il le pense peut-être prisonnier et, sans écouter personne, il décide d'aller à sa recherche. Il part pour Kunming, afin d'organiser les secours et il trouve les administrations s'agitant de tous côtés pour récolter des renseignements. Maux convainc le docteur Robertson et le consul de Hollande de l'accompagner jusqu'à la fin de la route carrossable qui, par des lacets invraisemblables, atteint les 2.800m d'altitude. Puis, laissant ses compagnons, il s'engage à pied vers le fleuve, accompagné de trois volontaires chinois.

Une pénible descente à pic les mène, en soixante kilomètres, à un premier hameau, où le chef du village a entendu parler d'un naufrage en amont. Mais les corps dérivant très loin, il conseille plutôt de les rechercher en aval, vers Kiokia. Après deux jours de marche, en scrutant les berges du fleuve, on arrive à un autre village. On palabre, on promet une récompense, et les villageois s'agglutinent pour voir leur premier Européen. Finalement un paysan apporte deux objets trouvés sur un noyé, qui a séjourné dans une crique. Il a fini par l'enterrer et a prélevé un couteau chinois et un badge n°72 du ministère des Communications. Maux fait exhumer le cadavre, mais devant l'état des pauvres restes, il lui est impossible de conclure. Il les fait mettre dans un cercueil et confie le badge à l'un de ses adjoints, avec mission de rejoindre le docteur Robertson, pour savoir à qui appartient le badge. En attendant, l'équipe continue jusqu'à Kiokia, où elle peut se reposer. Elle finit par rebrousser chemin et retrouver l'émissaire envoyé à Robertson. Ce dernier a joint Dorolle et reçu confirmation que le badge 72 était bien celui de Bourdrez. Il ne reste plus à Maux qu'à prendre le chemin du retour. Mais la voiture tombe en panne au bout de 70 kilomètres et son adjoint doit retourner à pied au village voisin, pour trouver un autre véhicule. Maux reste seul pendant trente-six heures, veillant son ami, sans boisson ni nourriture, avec le seul réconfort de son pistolet ! Puis une pluie diluvienne s'abat sur la région et la voiture s'enlise à plusieurs reprises. Ce sont deux paquets de boue qui finissent par arriver à Kunming…

L'expert va rester quelques jours dans cette ville, pour se reposer et attendre le résultat de l'autopsie. Une violente altercation l'oppose au docteur Dorolle, qui a envoyé des télégrammes tous azimuts, en s'attribuant le mérite de la recherche ! Tandis que s'organisent les funérailles, il regagne le Tam Dao, pour se retremper dans la tendresse de son foyer et entourer Elisabeth Bourdrez. Il retourne à Kunming pour une grandiose cérémonie mortuaire présidée par le maréchal Long Yu, Le chargé d'affaires hollandais est arrivé de Nankin et les discours s'enchaînent, très émus. Celui de Maux clôt la séance et il souligne l'amour de Bourdrez pour la Chine et son extrême fidélité, puisqu'il a préféré revenir, malgré les circonstances, au lieu d'accepter un beau poste en Hollande.

Tous les projets de voyage sont annulés, car les Maux veulent accompagner Elisabeth, pendant son voyage de retour en Europe. L'expert doit encore effectuer un rapide trajet à Chungking, pour faire ses adieux au gouvernement. Il s'envole le 26 juin, et trouve la capitale bien changée. Les maisons ne sont que des amas de ruines, et les rues sont désertes. Toute la population vit dans des souterrains, et Chin Fen lui fait visiter les kilomètres de son ministère, creusés dans la falaise. L'ambassadeur Cosme tient à le loger à l'ambassade et le directeur des Routes à le conduire auprès de Chiang Kaï-shek, qui a demandé à le voir. La folle équipée de l'expert a fait grand bruit et sa *« face »* est au plus haut. Le généralissime décide d'octroyer une somme d'argent aux enfants Bourdrez, en remerciement des services rendus par leur père.

Rentré au Tonkin, Maux propose à sa femme de l'accompagner à Hong-Kong pendant deux jours, pour faire ses adieux à TV Soong, qui y réside encore. Et celui-ci exprime le souhait que *« son ami Maux »* revienne au plus vite, comme chef de mission de la SDN. Mais comment s'engager, alors que la guerre paraît imminente en Europe ?

Au Tonkin, il ne reste qu'à boucler les malles et à faire des adieux émus à tous les amis. Puis le couple s'embarque à Haïphong, sur un caboteur, en compagnie de leur fille, de l'amah chinoise et de la famille Bourdrez… et de leurs vingt-deux malles ! Ils gagnent Saïgon, où ils s'installent, le 29 juillet, à bord du *Félix Roussel,* pour un voyage de retour qui va durer trois semaines.

II. Résister

Le bateau arrive à Marseille le 17 août 1939 et les voyageurs sont accueillis par les parents d'Hélène. Tandis qu'ils s'installent en famille à l'hôtel de la Réserve, Maux les quitte pour accompagner la famille Bourdrez à Genève. Les dirigeants de la SDN les reçoivent avec émotion et, grâce à la reconnaissance formelle du corps, peuvent régulariser la situation de la veuve et lui octroyer l'assurance-vie de son mari. Puis elle quitte l'ami fidèle, pour aller retrouver sa belle-famille à La Haye. Le responsable-Chine, le finlandais Hjelt, reçoit longuement l'expert et le félicite du résultat de ses deux années de mission. Il est convenu que si, après ses six mois de congé, il repart en Chine en 1940 ce sera en tant que « senior ». Mais si la guerre éclate, quel sera le sort de cette mission, et celui de la SDN elle-même ?

Ayant retrouvé les siens à Marseille, Maux achète une grosse Renault d'occasion où il embarque sa famille et tous ses bagages. Il part en direction de Toulouse, pour aller embrasser ses parents qui ne l'ont pas vu depuis deux ans. Sur la route, il apprend la signature du pacte germano-soviétique, qui augure sûrement de l'envahissement de la Pologne. Ce sera donc la guerre, puisque France et Angleterre se sont engagées à défendre ce pays ami. En arrivant devant l'appartement de ses parents, Maux trouve son frère Léon, faisant les cent pas en l'attendant. Car, mobilisé, il doit partir le soir même. Ils se présentent mutuellement leurs enfants, puis Henri reste vingt-quatre heures chez ses parents, tellement heureux de revoir leur fils aîné. Pourtant il faut déjà repartir, tout le courrier du couple l'attendant à Viazac, dans le Lot, la destination des vacances. En effet, le capitaine Maux y trouve son ordre de mobilisation, et doit se présenter… à Phnom Penh ! La famille s'installe dans cette belle maison de famille, où Hélène a passé toutes ses vacances de jeunesse et où elle est accueillie avec bonheur, par son oncle et sa tante Roger Durand.

Le 3 septembre, la France et l'Angleterre déclarent la guerre à l'Allemagne.

Maux prend aussitôt le train pour Paris, où il s'installe chez sa sœur, en attendant son affectation, qui a lieu – à défaut de Phnom-Penh - au parc du Génie de la III° armée, à Versailles. Ce court séjour dans la capitale se passe en démarches pour régulariser sa situation. Il fait la connaissance de son supérieur, un vieux commandant, travailleur et discipliné, qui a fait la guerre de 1914. Le 15 septembre, une caravane de quarante-cinq véhicules civils, de toutes tailles et de tous acabits, s'ébranle lentement en direction de l'Est. Les problèmes techniques sont innombrables, mais les sapeurs sont pleins de ressources et ils finissent toujours par réparer les moteurs…Ils arrivent à Ars-sur-Moselle, leur destination finale. Grâce à un travail intensif, le Parc s'organise vite, réunissant tout le matériel dont les régiments voisins ont besoin. Maux opère des réquisitions dans les entreprises de la région et est promu « avocat conseil » du Parc. La région est parfaitement calme, c'est « la drôle de guerre »

Chaque soir dans sa chambre, Maux écrit à sa femme, qui est sur le point d'accoucher. Il voudrait assister à cet événement, mais le bébé tardant à naître, il manque son tour de permission. Ce n'est que huit jours après la naissance, qu'il peut enfin gagner l'hôpital de Figeac et faire la connaissance de sa deuxième fille. Lors de son trajet de retour, il est convoqué à Paris par les trois ministères dont il dépend et reçoit des propositions surprenantes. Le ministre des Colonies, Georges Mandel, lui propose le poste de gouverneur de Madagascar ! Les Affaires Etrangères lui font part du désir de TV Soong de le revoir à Chungking. Et les Travaux Publics précisent que M. Gassier, le réclame à Hanoï, tant il manque d'ingénieurs connaissant la région frontalière. Mais Maux refuse ces propositions avec la dernière énergie, car il ne veut à aucun prix quitter la France ! Et il repart avec soulagement dans son modeste Parc, pour y passer un bien triste Noël.

Pourtant le ministre des Colonies ne l'a pas oublié ! Et fin avril 1940, après huit mois à Ars, le capitaine Maux est affecté à l'Etat-Major du général Bürher, au ministère des Colonies. Il consacre ses dix jours de congé à installer sa famille à Royan, où ses beaux-parents ont loué une villa pour la belle saison. Il veut aussi présenter sa seconde fille à ses parents, qui ne quittent plus Toulouse. Enfin il campe à Paris, dans l'appartement de sa belle-famille, rue du Bac et se trouve ainsi proche de son ministère, rue Oudinot. Il s'y rend chaque matin, coiffé de son béret, avec son masque à gaz en bandoulière.

Maux occupe un immense bureau, qu'il partage avec un commandant, spécialiste des pays du nord de l'Europe. Tous deux suivent avec consternation les événements qui déchirent la courageuse petite Finlande qui finit par signer, à Moscou, un traité avec l'Allemagne. Puis vient l'attaque du Reich, le 9 avril, sur la Suède et la Norvège, qui sont pourtant des pays neutres. Et le repli des forces anglaises et françaises provoque la démission de Chamberlain, remplacé par Churchill. Le travail de Maux porte sur l'Asie, où la paix ne tient plus qu'à un fil ! Il classe de gros dossiers dans les coffres-forts du ministère et prend souvent la garde de nuit, recevant des télégrammes du monde entier. Les jours passants, il envisage de faire venir son épouse, pour rechercher une maison pour la, rentrée.

Tout bascule le 10 mai 1940, à 5h du matin : l'offensive allemande se déclenche sur la Belgique et la Hollande, pays neutres. Attaque foudroyante et pénétration des forces françaises et anglaises en Belgique. Mais les Allemands contournant les Ardennes, prennent Sedan, portant un coup terrible aux armées françaises. Les divisions blindées de Gudérian ont le champ libre vers Paris. Dans l'affolement général, Maux n'est pas à l'unisson de ses collègues : il n'a plus qu'une idée, partir se battre. Il téléphone à son ami, le banquier Laurent, qui vient d'être nommé au cabinet du général de Gaulle, devenu secrétaire d'Etat dans le gouvernement de Paul Reynaud.

Le réduit breton

La pression baisse à Paris, lorsque le général Gudérian oblique vers le nord-ouest, pour refermer la « poche de Dunkerque », où quarante-cinq divisions sont prises au piège. Puis, le 8 juin, l'ennemi parvient à percer le font et à traverser la Somme. La panique gagne à nouveau Paris. Au ministère, ordres et contre-ordres se succèdent. Finalement, emportant les archives sensibles, l'état-major s'embarque dans les voitures du ministère et gagne Saint-Aignan. Sur la route, la pagaïe est indescriptible et le défaitisme de ses collègues écœure Maux, qui ne supporte plus d'être un « planqué ». Paris est déclarée « ville ouverte » par le général Weygand et le gouvernement de Raynaud décide de gagner Bordeaux. Mais, cette fois, Maux n'est pas du convoi. Un télégramme est arrivé à l'Etat-Major du général Bürher : « *Le capitaine Maux est attendu à Rennes. Mission confidentielle* ».

L'idée du « Réduit breton » vient du général de Gaulle, qui a imaginé de créer un camp retranché en Bretagne, où on organiserait un bastion de résistance *« comme une main tendue vers l'Angleterre »*[4] L'idée a plu à Chrurchill, et le général Weygand a orienté vers Rennes la retraite de la 10° armée du général Altmayer, chargé de coordonner la défense de la Bretagne. De Gaulle a précisé ses intentions, en venant une première fois sur place. Mais en s'arrêtant une nouvelle fois, le 15 juin, sur sa route vers l'Angleterre, avait-il encore la moindre illusion ? Comment bâtir, en si peu de temps, des défenses aériennes ou une ligne défensive contre les chars ?

Pour Maux, la machine est en route. Il saute dans un convoi de réfugiés qui le mène à Poitiers, puis un train le conduit à La Rochelle, dans un wagon à bestiaux et son cœur se serre en entendant « *direction Royan* ». Il mettra encore dix-huit heures pour gagner Rennes, où le général Altmayer l'envoie rejoindre la Mission Borie. Il s'agit d'un entrepreneur réputé, entouré d'un groupe d'ingénieurs, qui ont pour mission de bâtir des ouvrages de défense en béton. Ils sont tous effondrés en entendant la voix cassée du maréchal Pétain, - qui vient de remplacer Paul Reynaud – expliquer les raisons de sa demande d'armistice. Quoi, plus de réduit breton, la France a renoncé à se battre ? Le 18 juin, on apprend que l'ennemi s'est emparé de Cherbourg, Nantes, Rennes et que le général Altmayer a été fait prisonnier avec tout son Etat-major. L'ordre arrive à la Mission Borie de les rejoindre à Rennes. Mais pour le groupe d'ingénieurs, il n'est pas question de se constituer prisonniers. Ils se mettent en civil et détruisent leurs armes. Puis ils filent en voiture vers le sud et, deux jours plus tard, Maux retrouve sa famille à Royan.

Les Allemands sont entrés dans la petite ville le 25 juin, le jour même de l'armistice. La maison est bondée : la sœur d'Hélène, vient d'apprendre que son mari avait été fait prisonnier à Nancy et elle a accueilli sa belle-sœur et ses six enfants, qui campent dans le salon. Hélène passe sa vie à bicyclette pour chercher du lait pour le bébé, ou pour secourir les réfugiés, qui occupent les maisons vides. Sa machine à coudre tourne à plein régime pour faire des vêtements d'enfants. Elle a fait amitié avec un vieux militaire qui lui donne des leçons de conduite et, par son entremise, elle a obtenu des accus neufs pour remettre en état sa voiture. Dès son arrivée, Maux peut donc emmener les siens en zone libre. On s'entasse dans la voiture, avec une grosse réserve d'essence, on s'arrache aux bras des grands parents, et on roule vers Bergerac, où se passe la ligne de démarcation. Le jeune allemand n'a pas la mine féroce et il laisse passer la voiture d'un air dégoûté : l'homme mal rasé, la femme avec un bébé malade qui vomit à sa vue, une chinoise qui roule des yeux affolés, environnée de paquets hétéroclites sur lesquels dort une petite fille. Impossible de trouver un hôtel pour passer la nuit. Il faut donc rejoindre Viazac d'une traite et, à 3h du matin, les voilà enfin arrivés à bon port ! Tantes, cousines et enfants de tous âges sortent pour les accueillir. Ils sont bien une trentaine dans la maison, mais il y aura toujours une place pour ces nouveaux réfugiés !

De terribles nouvelles parviennent jusqu'au havre miraculeux de Viazac : deux beaux-frères prisonniers, des cousins disparus, des amis sans ressource. Maux cherche par la SDN, en Suisse, à avoir des nouvelles. Il joint aussi le général Bürher, qui lui recommande de se tenir à la disposition des autorités militaires du Lot. Souhaitant faire œuvre utile, il propose à l'Ingénieur en chef des T.P. du Lot de généraliser la fabrication de moteurs à gazogène, puisque l'essence vient de zone nord. Mais sa proposition reste lettre morte. Il tente de joindre Borie, devenu directeur de la Reconstruction, mais apprend qu'il vient de démissionner, dégoûté par le défaitisme ambiant.

La seule heureuse surprise est l'arrivée, début août, de son chauffeur d'Ars-sur-Moselle. Il vient chercher le capitaine Maux pour le conduire à ses camarades, réfugiés à Marvejols, dans le département voisin. Ils sont tous heureux de se revoir et de se raconter leurs aventures. Lorsque les Allemands ont pris à revers la Ligne Maginot, les autorités du Parc ont décidé de partir, en emportant les explosifs et le matériel le plus précieux. Ceux qui ont choisi le train, ont été faits prisonniers, mais ceux qui sont montés dans les quarante camions du Parc ont, de combats en combats, échappé à l'ennemi et gagné la zone libre. Le capitaine passe une heureuse journée avec ses amis ! Les conversations roulent sur les exploits des aviateurs anglais, qui continuent à se battre avec un tel courage, mais de si grandes pertes...

En rentrant, le 6 août, Maux apprend sa démobilisation : le voilà donc réduit à l'état civil. Or il juge que si la France veut redevenir une grande nation, elle doit ramasser toutes ses forces vives dans la zone libre et redonner de l'espoir à la jeunesse. Etant fonctionnaire, son devoir est d'assurer le service public. Il décide donc de se rendre à Vichy où le gouvernement s'est installé. Mais il le fait avec méfiance, car il sait que la petite ville est devenue un « panier de crabes » !

Maux a le désavantage d'appartenir à trois ministères. Celui des Colonies tout d'abord, l'un des plus mal loti de la ville. Il se rend vite compte qu'il n'a rien à espérer de ce ministère, submergé de fonctionnaires qui ne peuvent rejoindre leurs postes outre-mer et qui ne rêvent que de regagner Paris. Ensuite il se rend au ministère des Affaires étrangères, dont il dépendait pendant sa mission en Chine. Il connait bien le ministre, Baudouin, ancien directeur de la banque de l'Indochine, qui est installé à l'hôtel du Parc. Comme il n'est pas question que Maux retourne en Chine, le ministre lui rend sa liberté, tout en lui demandant d'aller calmer l'ambassadeur de Chine, qui fulmine contre la politique française. Il lui conseille de rencontrer les responsables de la Jeunesse, ce secteur qui les intéresse tous les deux. Maux prend rendez-vous avec le directeur de la Jeunesse, qui l'invite à assister à une réunion des Compagnons de France. Il y rencontre une fraternité et un enthousiasme qui lui font chaud au cœur. Mais il perçoit aussi l'irréalisme des dirigeants et l'absence de financement indépendant. Et il sent qu'il n'a pas sa place dans ce domaine, qui possède pléthore de candidats plus qualifiés que lui.

Maux va enfin contacter le ministre du Travail, René Belin - le seul homme de gauche du gouvernement – responsable des Travaux Publics Conscient de son inexpérience en questions administratives, Belin s'est entouré d'hommes de qualité, dont Emile Courrière, que Maux a bien connu au temps du Front Populaire et qui l'a recommandé au ministre. Fait aussi partie de l'équipe, un autre ami, Pierre Laroque, expert en questions sociales qui a, en un mois, créé les « Comités d'entreprise », destinés à empêcher les Allemands de piller notre outil industriel. Belin vit à Vichy avec une petite équipe et a l'interdiction de gagner Paris, où pourtant se sont installés tous ses services : il ne peut les joindre par téléphone que quatre minutes par jour ! Il invite Maux à déjeuner et, voyant son intérêt pour les questions sociales, lui propose d'entrer dans son cabinet et de participer à des commissions, avant de trouver sa juste place.

En fait, Maux va beaucoup hésiter à accepter. Depuis qu'il est à Vichy, beaucoup de choses lui ont déplu. D'abord la course aux postes et la faune qui gravite autour de Laval. Ensuite les attaques incessantes de la radio contre l'Angleterre, qui subit stoïquement l'horreur du *Blitz*. Attaques qui, heureusement, finiront par s'arrêter. Il désapprouve la création d'une Cour de Justice, inspirée par l'extrême-droite. L'ancien ministre des Colonies Georges Mandel, qu'il estime beaucoup, est mis en accusation, ainsi que son ami Diethlem Enfin l'instauration des « lois d'exclusion » lui parait d'une injustice profonde. D'ailleurs Belin, qui n'est pas raciste, n'est pas fier de les avoir signées et prétend que le ministre de la Justice a forcé la main de ses collègues. Il le regrette d'autant plus que, malgré tous ses efforts, il ne parviendra pas à garder Pierre Laroque, l'un de ses meilleurs adjoints, dont deux grand- pères sont juifs. Ce dernier, qui « *sent le sol se dérober sous ses pieds* », partira diriger le Comité des Soyeux, à Lyon, avant de rejoindre Londres.

Ayant enfin obtenu l'autorisation de gagner Paris, Belin s'absente de Vichy. Maux rencontre alors le gouverneur Châtel, qu'il a bien connu au Tonkin, et qui lui fait part de son proche départ pour l'Algérie, avec l'équipe que constitue le général Weygand. Celui-ci vient d'être évincé du gouvernement, en raison de sa violente mésentente avec Laval et nommé au poste de Délégué Général en Afrique du Nord. Châtel propose à Maux de faire partie de l'équipe. Mais ce dernier a-t-il vraiment envie de quitter la France, alors que sa femme attend son troisième enfant ? Il sait bien qu'elle souhaite rester en métropole, après ses tumultueuses années asiatiques. Maux va passer huit jours avec elle pour discuter de son avenir. Puis il en profite pour aller faire une tournée dans la région de Clermont-Ferrand, afin de se faire une idée de la façon dont se met en route la machine administrative en province. Et c'est une réelle surprise de constater à quel point elle est ankylosée. Il rédige un rapport à ce sujet qu'il remet à Belin. Celui-ci est tellement impressionné, qu'il le lira en Conseil des ministres.

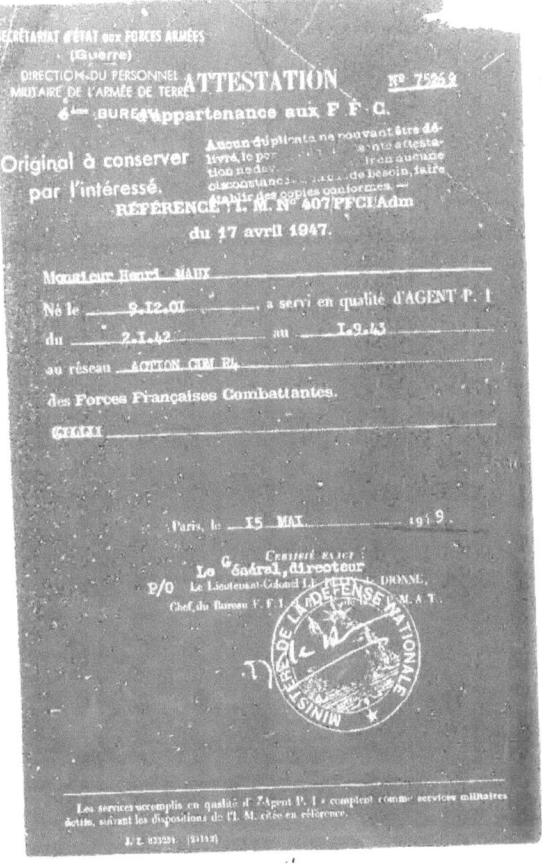

Fig. 7: Attestation de Résistance de Maux ; agent P1 des Forces Françaises Combattantes.

A son retour de Paris, Belin réunit ses adjoints pour leur faire part des pressions insupportables que subissent ses services à Paris. Il a pris brutalement conscience du peu de pouvoir dont dispose Vichy ! Ainsi la création des « Comités d'entreprise » a provoqué la fureur des Allemands, qui ont aussitôt créé un « Office central de Répartition des produits industriels » qui enlève tout pouvoir aux Comités.

Le problème du chômage étant devenu aigu, une Table Ronde gouvernementale se réunit et créée - le 11 octobre 1940 - le Commissariat à la Lutte contre le Chômage (C.L.C) Belin, accompagné de l'inspecteur des Finances Barnaud, propose à Henri Maux d'en prendre la direction. Mais celui-ci, avant de s'engager, pose certaines conditions, que Belin accepte aussitôt. Tout d'abord, il refuse d'être Commissaire en titre - poste politique – se contentant d'être Commissaire-adjoint de zone sud, et ne veut s'occuper que de questions sociales. Ensuite il tient à organiser son service à son idée et avec les hommes de son choix. Barnaud ne comprend pas les réticences de Maux et il propose, pour le poste de Commissaire en titre, son ami François Lehideux. Ce dernier est le neveu de Louis Renault et son adjoint, mais a quitté son poste pour ne pas travailler pour les Allemands. Il a pris la direction du « Comité de l'Automobile ». La nomination des deux Commissaire figure à l'*Officiel* du 31 octobre.

Or la veille, le Maréchal Pétain a rencontré Hitler à Montoire, à l'instigation de Laval. La « poignée de main de Montoire » et le mot « collaboration » ne seront jamais pardonnés au Maréchal et signeront la première grave rupture entre lui et les Français. Certains hauts fonctionnaires démissionnent le soir même, tel le ministre Baudouin. Au cabinet de Belin, c'est la consternation. Les explications alambiquées de l'entourage du Maréchal, qui ne sait plus comment réparer les dégâts, n'arrangent rien.

Création du CLC

Quant à Maux, depuis quinze jours, il est lancé à fond dans la création du Commissariat à la Lutte contre le chômage de zone sud.

En 1940, dans une France qui compte quarante millions d'habitants, le nombre des demandeurs d'emploi approche du million et ne cesse d'augmenter. Les deux tiers d'entre eux, en particulier les ouvriers métallurgistes, se trouvent en zone nord, et leur sort est pris en charge par les services du Commissaire en titre, François Lehideux, qui réside à Paris. A cette fonction, qu'il occupera pendant dix-huit mois, ce dernier va ajouter – à partir de juin 1942 - celle de Secrétaire d'Etat à la production industrielle. Il applique, dans sa zone d'influence, le remède traditionnel de « l'assistance par le travail », avec la création de chantiers et de grands travaux. Cette méthode, peu satisfaisante humainement, a pourtant le mérite d'être exécutée par un personnel très dévoué. Si bien que de nombreux exclus pourront trouver un emploi discret et que l'ensemble des chômeurs échappera longtemps aux pressions de l'occupant.

Le C.L.C de zone sud a une existence tout à fait distincte de celle de son homologue de zone nord. En raison, tout d'abord, de l'existence de la ligne de démarcation qui, pendant environ cinq mois - jusqu'à la nomination de l'amiral Darlan - restera tout à fait hermétique. Ensuite les problèmes de chômage se présentent à une échelle toute différente, Ce sont des Français que la guerre a jetés sur les routes et qui ne peuvent rentrer chez eux, dans des zones interdites ou occupées par le Reich. Ce sont des ouvriers et des cadres dont les usines ont fermé, des intellectuels ou des artistes sans emploi, des soldats démobilisés, des prisonniers évadés ou libérés et un grand nombre de réfugiés d'Alsace et de Lorraine, dont treize mille choisiront de rester dans leur département d'accueil. Ce sont trois cent mille femmes devenues chefs de famille et obligées de travailler. Ce sont enfin environ cent mille Juifs, qui se sont vus dépossédés de leurs biens et de leurs emplois par d'iniques lois d'exception et qui errent en zone sud, inquiets de leur avenir.

Bientôt s'ajoutera le problème des Etrangers qui se sont réfugiés en zone libre et parmi lesquels on compte près de soixante-dix nationalités. Ce sont les rescapés des armées alliées venant d'Europe de l'Est, et dont les plus nombreux sont les Tchèques et les Polonais, Ils se sont réfugiés en Suisse, mais ce pays les a renvoyés en zone libre, et ils voient les ressources de leur Croix Rouge s'épuiser. Ce sont cinq cent mille réfugiés espagnols, qui fuient la dictature de Franco, qui se retrouvent parqués dans des camps du sud de la France. Ce sont des travailleurs indochinois, malgaches ou algériens, réquisitionnés par la puissance coloniale, qui sont dans l'impossibilité de repartir outre-mer. Ce sont des Belges, des Luxembourgeois ou des Hollandais qui ne veulent pas rentrer dans leurs pays, sous la botte nazi. Ce sont encore des Russes blancs ou des Allemands antinazis, tous réfugiés politiques. Enfin, des Juifs allemands, provenant de trois provinces (Sarre, Palatinat et pays de Bade), qu'Hitler a décidé d'expulser dans le sud de la France et que le ministère de l'Intérieur parque dans des camps insalubres. Le problème des Etrangers, embarrasse terriblement le gouvernement et, voyant que le CLC s'organise rapidement, il lui confiera un temps la charge de certaines catégories d'entre eux.

Maux, qui est un fonctionnaire non-conformiste et décidé, a obtenu de René Belin, son indépendance pour créer le service à son idée. Or pendant les cinq premiers mois, il aura toute latitude pour s'organiser, en raison de l'étanchéité de la ligne de démarcation. Lorsque celle-ci s'ouvrira, avec la nomination de l'amiral Darlan,, son indépendance vis-à-vis du Commissaire en titre causera un très grave conflit entre les deux hommes et il faudra toute l'obstination du Commissaire-adjoint pour le surmonter. Car il ne veut en aucun cas laisser dénaturer l'esprit qu'il a instauré dans son service dès l'origine.

Considérant que les hommes ont tous un « droit au travail », il s'efforce de leur accorder - Français ou Etrangers - un statut équivalent. Hostile aux lois d'exception, il maintient dans ses services les Juifs qui y travaillent, malgré les dénonciations répétées du Commissariat aux questions juives. Pour les protéger, il rencontre souvent les autorités israélites et leur offre son aide. N'admettant pas les prélèvements forcés de main - d'œuvre, il finit par obtenir l'interruption des réquisitions *Todt* (organisation allemande chargée de fortifier les côtes françaises) qui visent surtout les Espagnols, dont il aura la responsabilité pendant deux ans. Trouvant inhumaine la solution des camps et des chantiers, il n'a de cesse de les supprimer, pour « diffuser » les travailleurs dans les campagnes.

Enfin il donne à tous la possibilité de se reclasser, grâce à l'enseignement des centres de formation.

Fig. 8: Maux dans son bureau du CLC, 1941

Maux va choisir lui-même les cadres de son service, pour être sûr qu'ils aient les mêmes opinions que lui et il ne se laissera jamais imposer personne. Beaucoup sont des fonctionnaires coloniaux, qu'il juge plus dynamiques que les métropolitains. Il prélève aussi ses cadres parmi les chômeurs, dont les compétences et le caractère lui semblent convenir. Outre leurs qualités d'humanité, il leur demande de faire preuve d'imagination et d'initiative car, dans une France dont les communications sont inexistantes, chacun sera livré à lui-même et agira selon sa conscience. Or dans ce service, qui se révèlera si peu conforme à la politique gouvernementale, se cachent dès le début de l'occupation de nombreuses activités de Résistance. Bien au courant des idées et des choix de ses adjoints, Maux leur offre sa protection en toute connaissance de cause. Il en est ainsi de plusieurs des cadres qui travaillent dans son service, à Vichy comme en province.

Les résistants de la première heure

Le chef des services administratifs du C.L.C, Guy de Saint Hilaire, est un administrateur des Colonies. En liaison avec le 4° bureau de l'armée, il signe, en janvier 1941, un accord avec le colonel Mollard, le patron du réseau C.D.M (Camouflage du matériel). Désormais vont être dissimulés, à travers toute la zone sud, des milliers de voitures et de camions de l'armée, des stocks de carburant, des fourgons et leurs parcs de réparation. Plusieurs voitures-ateliers sont ainsi cachées à l'école des Gazogénistes, Tout ce matériel va échapper aux commissions d'armistice allemandes et italiennes. Servent à ce camouflage, non seulement les hangars et les ateliers du C.L.C, mais aussi des locaux loués dans ce seul but. Cette situation durera jusqu'en mai 1943 date à laquelle l'occupant découvrira une cache de véhicules de l'armée. L'enquête remontera jusqu'au responsable, Saint –Hilaire, qui devra quitter Vichy en catastrophe. Il passera dans la clandestinité et se rendra à Paris. Sa première visite sera pour son ancien patron, Henri Maux, qui a couvert toutes ses activités de camouflage. Ce dernier a quitté Vichy depuis six mois et vient d'être nommé directeur du personnel du ministère des Colonies. Il fait disparaître le dossier de Saint Hilaire et, sachant que ce dernier veut gagner l'Algérie il lui confie un courrier pour Capitant, le premier d'une longue série…

Le Service social des étrangers (SSE) est dirigé par Gilbert Lesage, l'un de rares *quakers* français, qui deviendra le plus proche adjoint de Maux. Adepte d'une résistance spirituelle non violente, il rencontre le commissaire-adjoint dès la création du CLC et ce dernier décèle aussitôt, la grande générosité de son interlocuteur. Dans ce service, composé de chômeurs qui partagent les idées de Lesage, on comptera dix-sept Juifs, dont le plus précieux est son ami Jéramec. Ce dernier, excellent juriste, s'est réfugié en zone libre et il s'efforcera d'ordonner les idées foisonnantes de Lesage. Dénoncé à l'école de son fils, il devra quitter Vichy, mais continuera à travailler pour le CLC, réfugié dans un village à la frontière suisse. Par ailleurs, le SSE servira bien souvent d'alibi pour couvrir d'autres activités. C'est ainsi que Jean Pochard profite de ses tournées de service, pour effectuer des liaisons entre Jean Moulin et divers chefs de réseau. Lorsque Charles Morani souhaite prendre la direction de la Résistance en Corse, Lesage le nomme délégué départemental du SSE. Marcel Poimbeuf, la tête résistante de la CFDT, est salarié du Service Social, tout en diffusant le journal *Témoignage Chrétien*. De nombreux Juifs travaillent sous l'étiquette du SSE, dont le plus célèbre est Léon Meiss, qui fondera dans la clandestinité le CRIF (Conseil Représentatif des Institutions juives de France). C'est lui qui assure, à Lyon, le lien entre Lesage et les organismes juifs de Résistance. Enfin, dans les départements proches de la frontière suisse, tout un réseau de « passeurs » bénévoles s'organise, grâce aux responsables du SSE. Scandalisé par la dramatique situation des camps d'hébergement des Juifs dans le sud de la France, si mal gérés par le ministère de l'Intérieur, Lesage ne cesse de rencontrer les autorités juives pour chercher à trouver des solutions plus humaines. Lors des premières rafles de Juifs étrangers en zone sud, en août 1942, il participe avec beaucoup de présence d'esprit, au sauvetage de nombreux enfants, rassemblés au camp de Vénissieux. Puis, recherché par la police, il retrouvera son poste au SSE, grâce à la caution de Maux, qui ne veut pas perdre pareil adjoint. C'est à lui aussi qu'est dû le sauvetage de tous les Eclaireurs israélites, hébergés en zone libre. Les responsables de ces maisons d'enfants, prévenus avant chaque rafle par un coup de téléphone de Vichy, éviteront toute déportation. Pour cette action, Lesage deviendra, en France, l'un des premiers « *Justes parmi les Nations* ».

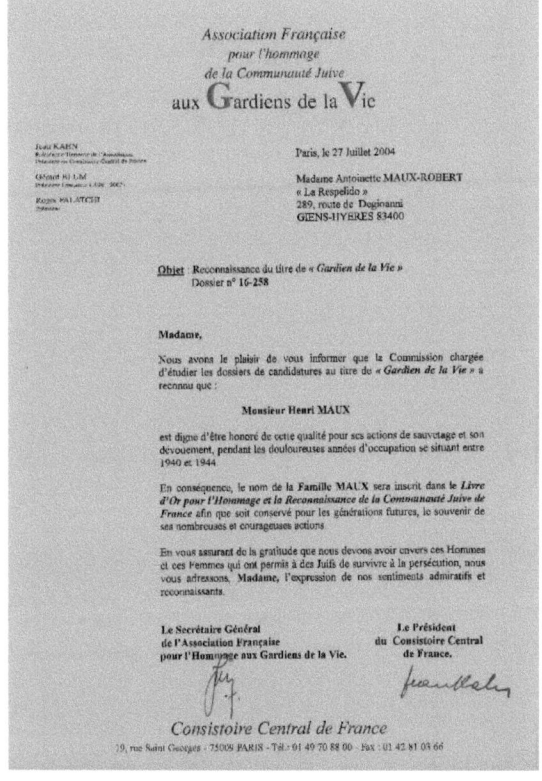

Fig. 9: Certificat Gardiens de la Vie de Maux, décerné par Jean Kahn, président du Consistoire de France

La responsable du Chômage féminin de Lyon, est Bertie Albrecht, que Maux recrute le

1° janvier 1941. Après qu'elle lui ait exposé ses activités et ses projets il accepte, en toute connaissance de cause, de lui donner une « couverture ». A sa demande, il la nomme à Lyon, où elle souhaite suivre Henri Frenay, pour participer avec lui au mouvement *Combat*. Elle reviendra souvent dans le bureau de Maux pour chercher aide et réconfort dans ses démêlés avec la sévère directrice du chômage féminin, qui supporte de plus en plus difficilement le défilé d'hommes qui passe dans les locaux du Chômage féminin de Lyon. Elle est d'ailleurs souvent dénoncée et repérée par la police qui l'arrêtera à plusieurs reprises. Mais elle repartira toujours dans l'action et finira par être internée à Vals-les-Bains. Après une grève de la faim, elle est emprisonnée à la forteresse de Saint-Joseph et appelle Maux à son secours, pour qu'il adresse à ses juges un témoignage de moralité. Elle simule la folie, s'évade, repart dans l'action puis, reprise, elle est « suicidée » par les Allemands.

Au siège même du C.L.C, à Vichy, la secrétaire de Maux, Simone Thomann, est la fille d'un gouverneur des Colonies : elle se lance dans la fabrication des faux papiers. Deux des adjoints du service administratif, Moosman et Ladel, créent la première cellule du NAP (Noyautage des Administrations Publiques) du ministère du Travail. Le chef des Démobilisés de zone interdite, le commandant Perdrizet, organise des centres de regroupement destinés aux prisonniers évadés. Ainsi, grâce au responsable de l'Ain, des centaines d'hommes passent clandestinement la ligne de démarcation. Dans les locaux même de la Main d'œuvre encadrée, des officines de faux-papiers s'installent. Et c'est parmi le personnel belge de ce service, que le réseau Thibout, de la France combattante, recrute l'essentiel de ses agents. Ceux-ci ouvrent des filières en Belgique, puis transmettent les renseignements à Londres. Le service des Cadres est dirigé à Lyon, par Jean Picard, un Juif qui a quitté les USA pour faire la guerre en France. Il est à l'origine de l'invention originale des « Equipes préfectorales », solution qui permettra à de nombreux intellectuels juifs de travailler discrètement pour laisser passer l'orage.

Il est difficile, après plus de quatre-vingts-ans, d'avoir une idée précise des actes de résistance qui ont pu se dérouler à travers toute la zone libre, dans les services du CLC, à Vichy comme ailleurs en zone sud. Bien peu de documents relatent ces faits. Pourtant grâce à de nombreuses interviews, quelques histoires nous sont parvenues. Ainsi, aucun gitan du centre d'hébergement de Saliers, n'a subi de déportation. Sous le prétexte de financer une « *expérience d'intégration rurale* » le CLC réussit à détourner les nomades de l'attention des autorités. Le colonel du Pelet dirige le centre avec autorité et efficacité. Bientôt un terrain d'atterrissage est installé pour les alliés et, dès qu'un avion est annoncé, le colonel accourt, transporté à l'arrière d'une moto par un gitan. Devant une menace de rafle, visant des Alsaciens, il n'hésite pas à détruire toutes leurs fiches.

On estime que l'intrépide commandant Nicolas Rougier a sauvé par son action, plus de deux mille hommes. Cet officier colonial s'engage dans la Résistance, d'abord à Marseille, puis en Auvergne. Il dirigera le Groupement de Travailleurs Etrangers de Manzat, puis tous les GTE de la région, soit six cent soixante-deux hommes de vingt nationalités différentes. Sabotage, libération des prisonniers de la prison de Riom, mise à l'abri de Juifs, d'évadés ou de parachutistes…Avec une audace incroyable, il se targue de sa Francisque pour capter la confiance des Allemands et, par un coup d'éclat auprès du chef de la Milice, il fait libérer les prisonniers du dernier train en partance de Riom, dont le maire de la ville. Rougier devra alors disparaître… L'un de ses adjoints, Benoist, considère son ancien chef comme un véritable héros ! Lui-même a la mission de sillonner à moto la campagne, afin de pourvoir en faux papiers les exclus, que l'on change de cachette, dès qu'ils sont repérés.

L'un des adjoints directs de Maux à Vichy, l'inspecteur des Finances Roger Bloch - qui a si bien traversé les années de guerre, qu'on le croit

« protégé » - est dénoncé en 1944. Il est alors en mission à Bordeaux, mais son frère, prévenu à temps, campe pendant 36h à la gare de Vichy pour l'intercepter. Tous deux vont se réfugier chez Rougier, qui les cache dans la cave de Mme Sardier, une aubergiste qui a été la providence des GTE de la région. Puis Bloch et son frère rejoindront à Paris le réseau Marco, dont Bloch est l'un des plus actifs représentants. Par la suite, une filière d'évasion s'organise en liaison avec le réseau Mithridate, et la participation des GTE espagnols aux maquis d'Auvergne, sera très importante.

Dans les bureaux du CLC, qui sont installés à l'hôtel International, les premières semaines sont caractérisées par une intense activité du Commissaire-adjoint. Il recrute les cadres, forme le personnel, organise la structure des services, afin de les rendre efficaces, et lance les premiers travaux d'intérêt général, pour employer le maximum de chômeurs. Maux veut faire de ses adjoints – à qui il donne toute sa confiance - des « *combattants civils* », chargés de redonner foi et espoir aux chômeurs. Chaque matin, il se rend à la messe de l'aube pour « *se mettre devant sa conscience* » et prendre de justes décisions.

Très vite d'ailleurs, se pose à lui un réel cas de conscience. Une carte lui parvient, à en-tête du cabinet du Maréchal, lui proposant de faire partie des dix personnalités composant le

« Comité provisoire pour l'attribution de la Francisque ». Cette proposition est l'idée du chef de cabinet de Pétain, du Moulin de la Barthète, avec qui Maux partage de longues discussions, lors de leurs promenades le long de l'Allier. Tous deux éprouvent les mêmes sentiments antiallemands, qui vaudront bientôt à du Moulin un exil forcé. La Francisque vient d'être instituée par le Maréchal et s'accompagne d'un serment à sa personne. Or, pour le Commissaire-adjoint, cette dernière condition est inadmissible : jamais il ne prononcera de serment à un homme ! Il décide donc de refuser la proposition qui lui est faite mais, en se rendant au cabinet du Maréchal, il sait bien qu'il met en jeu son poste. Or, curieusement, personne ne semblera lui en vouloir, ce refus étant imputé « *à sa haute conscience* », selon les termes du Maréchal ! En ce qui concerne les rares hauts fonctionnaires qui refuseront la Francisque, on ne les comptera que sur les doigts d'une main !

Jouissant de la confiance de son ministre, Maux a une réelle autonomie financière. Sur les six cents millions qui sont alloués au Chômage, la zone sud dispose de cent millions, sur lesquels le Commissaire-adjoint a obtenu une délégation permanente pour les marchés inférieurs à cent mille francs. Il faut d'abord repérer les chômeurs, ce qui se fait grâce aux bureaux de recrutement qui vont être réorganisés. Puis, avec l'aide des préfets, le CLC peut ouvrir rapidement des travaux d'intérêt général, tels que la réfection des routes et des voies ferrées, des ponts et des canaux. Ainsi, à Lyon débute la construction d'un collecteur d'égout, le creusement du tunnel de la Croix Rousse et les fouilles du théâtre romain. Le CLC accorde aussi des subventions aux travaux des collectivités locales, ainsi qu'à certaines constructions privées, qui utilisent une importante main-d'œuvre. En accord avec la Fédération du Bâtiment, qui siège à Lyon, de nouvelles lois sont décidées pour faciliter le crédit et les allègements fiscaux. Un conseiller d'Etat, Latournerie, devient le responsable de ce secteur. Onze « inspecteurs provinciaux » sont nommés, et vont sillonner la zone sud pour faire le lien avec les préfets. Très mobiles et sans entrave administrative, ils restent en liaison constante avec le bureau central de Vichy.

Dans les débuts de son service, Maux tient à effectuer lui-même quelques tournées, pour voir si sa nouvelle organisation fonctionne. Il est pourtant très long et difficile de circuler à travers la zone sud, tant les communications sont désorganisées. Il se rend d'abord à Marseille, qui compte vingt-cinq mille chômeurs, dont la moitié est susceptible de participer aux travaux d'électrification ou de voirie. Puis il va à Toulouse, où il expose ses méthodes de travail au siège de la Croix Rouge. Cette fois, devant les édiles réunis, il insiste sur la nécessité de créer des centres de reclassement, afin de permettre aux « travailleurs encadrés » de devenir des « travailleurs diffus », solution tellement plus humaine ! Le premier chantier rural de grande envergure se présente dans les Pyrénées Orientales, après les ravages causés par les crues d'octobre 1940. Des chômeurs sont acheminés depuis Toulouse et le CLC prend les travaux en régie directe, tandis que les collectivités locales n'ont à leur charge que les logements et les cantines. Quelques volontaires espagnols iront renforcer les équipes, et le CLC s'efforcera, par la suite, d'aligner leurs salaires sur ceux des chômeurs français. Un inspecteur général de l'agriculture, Gatheron, prend la responsabilité des chantiers ruraux, qui seront bientôt une centaine à travers la zone sud. Beaucoup se déroulent en région forestière car la pénurie de charbon de bois est préoccupante.

Maux va profiter de ces tournées pour aller visiter, en janvier 1941, un premier camp d'Etrangers, à Argelès, où sont assignés quatorze mille républicains espagnols, fuyant la dictature de Franco. Et les conditions de détention le scandalisent : des baraques en plein vent, posées à même le sable, une nourriture et des vêtements insuffisants…A son retour à Vichy, il fait part de son indignation à son entourage et décide de redoubler d'efforts pour sortir ces hommes des camps, pour les « diffuser » dans les campagnes. Cela se fera progressivement avec les Espagnols, qui ont la réputation d'être de solides travailleurs et qui, non seulement, aideront aux travaux des champs mais seront souvent volontaires pour participer aux chantiers ruraux. D'ailleurs le camp d'Argelès ne va pas tarder à fermer, pour être remplacé par d'autres camps, qui ne vaudront guère mieux !

Lorsqu'au printemps 1941, le gouvernement décide de confier au CLC la charge des Indochinois, dont beaucoup sont concentrés au camp d'Agde, Maux décide de s'y rendre. Car il reste très attaché à cette population, en raison de son passé asiatique. Ces hommes ont été prélevés dans leur pays, souvent contre leur gré, pour « *aider à l'économie nationale* ». Ils sont quinze mille, groupés en cinq légions, subdivisées en compagnies d'environ deux cents hommes, sous commandement militaire. Souvent employés dans des usines, ils supportent mal les rigueurs de l'hiver et sont parfois atteints de tuberculose. Les autres vivent au camp d'Agde, où Maux est accueilli par une délégation de notables qui, musique en tête, vient prier le « ministre des Chômeurs » d'arbitrer leurs conflits. Ils veulent améliorer leurs conditions de vie mais, surtout, n'aspirent qu'à rentrer chez eux, comme il leur avait été promis. Hélas, c'est devenu impossible, en raison de l'interruption des liaisons maritimes. Pour atténuer la rigueur d'un commandement militaire, Maux décide de confier cette responsabilité à l'administrateur des colonies,

Saint Mleux, dont il connaît les qualités humaines et la longue expérience de l'Asie. Mais cette nomination déplaît à l'amiral Platon, le ministre des Colonies, qui veut placer l'un de ses protégés, un bureaucrate du ministère. Grâce à l'intervention de René Belin, Saint Mleux obtient le poste. Dès son arrivée, le nouveau responsable de la Main d'œuvre Indigène (M.O.I) doit faire face à une mutinerie aux Salins-de-Giraud, qu'il saura réprimer avec justice. Puis il demande à l'encadrement de « *faire preuve d'une constante attention aux besoins des travailleurs* » et les salaires seront augmentés, l'habillement et l'alimentation améliorés. Enfin les échanges d'argent et de courrier avec les familles restées au pays, sont facilités.

Les aptitudes des travailleurs indochinois vont être mises à contribution, à partir du printemps 1942. Il se trouve que Maux – l'expert en hydraulique agricole – effectue une tournée à Marseille avec son ministre. Il a l'occasion de survoler la Camargue, et il remarque avec étonnement que le delta du Rhône est bien mal exploité : *« Vous avez cinquante ans de retard par rapport à la Cochinchine !* » Il décide d'envoyer deux cent cinquante Indochinois, familiers de la culture du riz, pour une expérience de grand intérêt. Les travailleurs préparent les sols, bâtissent des écluses, et inondent les champs. Enfin ils sèment le riz, technique plus aisée que le repiquage traditionnel. La première récolte est prévue pour octobre 1942 et Mme Pétain, étant camarguaise, tiendra à venir en personne aux fêtes de l'inauguration. En 1942, quelle merveilleuse ressource pour les Français, en butte à tant de difficultés de ravitaillement. Cette culture sera une telle réussite, qu'elle deviendra une spécialité camarguaise. Mais le rôle des Indochinois sera oublié et ce n'est que soixante ans plus tard que la vérité sera rétablie.

Lors de la création du CLC, on compte environ quatre-vingt mille intellectuels sans travail dans tout le pays Le 2 décembre 1940, Maux fait un appel à la radio, pour annoncer la création de son service et demander des volontaires pour encadrer les différentes activités qui se créent au Commissariat. L'afflux des postulants est tel, qu'il doit créer deux services distincts : le service des Cadres qui s'adresse aux techniciens spécialisés et s'installe à Lyon, Toulouse et Marseille. Et le service des Intellectuels, qui siège à Vichy. Le service des Cadres sélectionne un certain nombre de chômeurs qui constitueront l'encadrement des chantiers du CLC. Il recrute des éducateurs sociaux pour les maisons d'enfants, ainsi que des équipes de spécialistes pour des missions ponctuelles, en particulier dans le secteur du Génie rural.

En ce qui concerne le service des Intellectuels, Maux met à exécution, une idée neuve. Il veut proposer aux administrations, qui s'adaptent difficilement aux nouvelles circonstances, l'aide de cadres chômeurs sélectionnés par le CLC. Leur formation est confiée au directeur du Service des Cadres Jean Picard, un protestant d'origine juive, qui possède un charisme exceptionnel. Il organise à Bourg-en-Bresse, des « retraites » d'une trentaine d'hommes et invite divers conférenciers. Maux aime à se joindre à eux lors des sessions finales. Ainsi voient le jour les « Equipes préfectorales, » qui vont protéger tant d'exclus : industriels, universitaires banquiers,, avocats, pilotes…ces hommes d'origines si diverses, souvent originaires des départements du nord ou de l'est de la France, apprennent à travailler en commun et sont mis à la disposition des préfets par groupes de trois ou quatre. Ils vont occuper des emplois discrets, tels qu'archivistes, traducteurs, conservateurs de musée, historiens du patrimoine public. Ils animent aussi des enquêtes scientifiques ou économiques. En un an, vingt-trois Equipes sont à l'œuvre, incluant environ quatre cents intellectuels chômeurs, dont de nombreux Juifs. L'expérience convient si bien aux préfets que certains songent à leur donner un caractère définitif.

En 1941 on compte environ deux cent soixante-quinze médecins, dentistes ou pharmaciens privés d'emploi. Le CLC décide de créer un Service Médical, chargé de surveiller l'état des travailleurs ou de conseiller ceux qui veulent changer d'orientation. On leur propose de rester en liaison avec le milieu médical, en suivant des apprentissages en herboristerie, chimie ou mésothérapie. Mais Maux va s'opposer à la création d'un laboratoire de recherches sur les énergies de substitution, qu'envisage le professeur Meyer, pour les médecins « frappés de mort civile ». Car le Commissaire- adjoint juge qu'il est plus prudent d'« éparpiller » ces hommes à travers la zone sud, plutôt que de les concentrer. Les architectes, eux aussi se retrouvent sans travail. Le CLC met à leur disposition une maison à Riom, qu'ils vont partager avec des peintres sans ressource. Le plus célèbre des architectes français, Le Corbusier, a écrit au cabinet du ministère, dès septembre 1940. Il souhaite « *participer à la Commission d'aménagement de Paris, afin que son Plan 1937 soit pris en compte dans les futurs Grands Travaux* ». Il trouve en Maux une aide précieuse, avec des subsides et des locaux pour ses bureaux, dans les combles de l'hôtel International.

Diverses initiatives se font jour dans le domaine artistique, avec des fortunes inégales. Ainsi le « Groupe d'Oppède » se réunit autour d'un prix de Rome, Zehrfuss, qui groupe une quinzaine de jeunes, afin de leur donner une formation en art plastique et réaliser des œuvres collectives. Mais le résultat est coûteux et décevant et ne durera qu'un an. Des aides sont accordées pour des expositions dans les grandes villes ou pour le développement de l'artisanat d'art : tapisseries de basse lisse de Felletin, jouets, dentelles, vanneries ou ébénisterie. Le cas des comédiens et des musiciens est préoccupant et sera la principale source de frictions entre les services financiers de l'Etat et le CLC, ce dernier soutenant les innombrables demandes qui lui parviennent. Il s'agit de diverses compagnies théâtrales, qui ont fui la zone nord et n'ont plus aucune ressource. La plus connue étant celle de Louis Jouvet qui compte trente-huit personnes, acteurs et techniciens. Le célèbre acteur demande à rencontrer Maux pour lui exposer ses problèmes et obtient des subsides pour s'installer quelques mois à Lyon, afin de réparer décors et costumes dans le service du Chômage féminin. Puis il s'embarquera pour l'Amérique du Sud avec sa troupe et y restera jusqu'à la fin de la guerre. Le directeur du Chômage artistique est Perpessac, l'ancien chef de cabinet de Giraudoux, qui garde beaucoup de liens avec le milieu artistique. Il décide de monter un magasin de matériel électrique transportable, mis à la disposition des spectacles de théâtre. La troupe de Jean Vernier obtient, pour un an, l'exclusivité des pièces de Giraudoux. Existe aussi un train de comédiens-chanteurs qui se déplace à travers la zone sud et, grâce auquel, les Compagnons de la Chanson pourront rôder leurs premiers spectacles. Le CLC monte une Ecole de Rééducation pour jeunes acteurs, afin de les aider à trouver des engagements. Le « Plateau de Paris », dirigé par Duhamel un réfugié de zone nord, organise des spectacles de chansonniers à Cannes.... En 1941 tournent en zone sud environ trente spectacles, assurant à cinq cents artistes des moyens d'existence.

Le CLC est sollicité au printemps 1941 par l'association « *Jeune France* ». C'est un orchestre de cent cinquante musiciens, tous prix de Conservatoire, dirigés par Hubert d'Auriol, qui sont accompagnés d'autant de techniciens chômeurs. Le spectacle demandera cinq mois de préparation et aura un grand avenir. Il s'agit de « *Jeanne au Bûcher* » l'oratorio dramatique de Paul Claudel, mis en musique par Honegger. Claudel, depuis son château de Brangues, adresse à Maux une lettre de remerciements devant le grand succès de cette « première », qui a lieu à l'opéra de Vichy, et que le Commissaire-adjoint inaugure par un discours. Les costumes – dessinés par Pavil – sont somptueux, et ont été exécutés par les ateliers de Bertie Albrecht, grâce aux dons de tissus qu'elle a obtenus des Soyeux de Lyon. Le spectacle tournera pendant neuf mois à travers la zone sud.

Beaucoup de musiciens sont Juifs et ont l'interdiction de se produire en public. Négligeant la loi, le CLC accorde des crédits pour leur obtenir des engagements, ou bien pour leur reconversion. Il finance aussi des chorales, à Saint Etienne, Chambéry, Lyon ou Antibes. Et la Radio Diffusion s'adresse à lui, pour recruter des choristes pour ses propres formations.

Les écrivains et les poètes sont aussi frappés par le chômage. En avril 1941, le CLC décide de subventionner l'initiative d'Etienne Gril qui est le fondateur d'une publication bimensuelle intitulée « *Romans et Nouvelles* » Elle donne la possibilité aux auteurs de faire paraître de courts textes inédits. Une centaine d'auteurs peuvent se remettre au travail, le CLC finançant l'impression et les frais de papier, denrée rare à l'époque. Vont ainsi paraître, en deux ans, dix-sept romans, quarante-huit nouvelles et une centaine de poèmes. Gril tiendra à dédicacer l'une de ses œuvres :« *A M. Maux qui, durant ces dures années, fut une providence pour les écrivains en exode et mis tant de discrétion dans son aide* »

On a peine à imaginer la somme de projets qui s'entassent sur le bureau du Commissaire - adjoint. Il faut dire qu'il a lui-même amorcé la pompe en créant une « Boîte à idées », dont la gestion est confiée à Jacqueline Bernard, une jeune Juive réfugiée à Lyon avec son frère, recommandée par Bertie Albrecht. En un an, deux mille cinq cents lettres parviennent dans les locaux du Service des Cadres. La plupart sont envoyées par des gens de bonne volonté, mais rarement de bon conseil ! Les plus intéressantes viennent des Alsaciens, comparant les médiocres rendements des exploitations agricoles du Midi, au regard de ceux qu'ils obtenaient dans leurs provinces d'origine.

Il faudra aussi que le CLC affecte six personnes à un nouveau service qui lui est demandé par les bureaux du Maréchal, submergé de plaintes. « Le Service des requêtes » répondra à des milliers de Français, désespérés de ne pas recevoir de réponse de l'administration.

Le temps des combats

Le 9 février 1941, l'amiral Darlan est nommé vice-président du Conseil et dauphin du Maréchal. Entrent alors au gouvernement de jeunes techniciens actifs et ambitieux, dont Lehideux. Ce dernier ne va pas tarder à ajouter à ses fonctions de Lutte contre le Chômage, des responsabilités politiques. Et la ligne de démarcation s'étant assouplie, il se rendra fréquemment à Vichy, où ses visites mettront vite en danger l'autonomie de Maux. Seule la protection de René Belin - toujours ministre du Travail - permettra au Commissaire-adjoint de conserver à son service l'esprit et les méthodes qu'il a mises en place. Et n'étant pas en accord avec la politique des nouveaux venus, il lui faudra beaucoup d'énergie pour repousser toutes les propositions tentant de le faire sortir de son rôle purement social. Devenu, en fait, un « gêneur », aux yeux de Lehideux, Maux mènera de durs combats pour préserver son service.

Combat pour refuser les « promotions », qui n'ont pour but que de l'évincer de son poste. Combat pour poursuivre la politique de reclassement et de diffusion. Combat pour conserver les Juifs dans les services du CLC, en dépit des nouvelles lois promulguées par Pucheu, le ministre de l'Intérieur. Combat pour arrêter les réquisitions de l'Allemand Todt, qui recrute des Espagnols pour ses chantiers de zone nord. A chaque fois, Maux parvient à obtenir à peu près gain de cause, malgré les pressions qu'il subit et qu'il s'entête à ne pas écouter. En cas d'urgence, il n'hésite d'ailleurs pas à solliciter les plus hautes autorités de l'Etat. Pourtant il essuiera un échec, à l'automne 1941, lorsque la gestion des chantiers ruraux lui sera retirée, pour passer sous la tutelle de l'Equipement. L'ambition du « reclassement » disparaîtra, pour être remplacé par la politique du « rendement ». Et, au lieu de disparaître, les chantiers vont se multiplier, solution commode aux yeux du gouvernement pour vider les camps, dont l'insalubrité est devenue un scandale national.

Mais la dérive la plus inquiétante du gouvernement Darlan, est l'aggravation des lois d'exception. Si elles étaient suivies à la lettre, aucun Juif ne pourrait rester à son poste au CLC, or ils sont présents à tous les niveaux. Maux commence par faire des démarches officielles pour obtenir des dérogations, sans grand résultat. Pourtant, en ce qui concerne les Intellectuels, il rencontre une certaine compréhension et la thèse des *« travailleurs utiles à l'économie nationale »* va être largement utilisée pendant quelques mois, à l'indignation des responsables du Commissariat aux Questions juives. Malgré des dénonciations répétées, les Juifs restent à leurs postes et lorsque, quelques mois plus tard, cela ne sera plus possible, beaucoup trouveront de discrètes retraites, avec l'aide de leur ancien service.

L'arrêt des réquisitions Todt va être obtenu de haute lutte par Maux, en novembre 1941, après des semaines de protestations. Si les premiers recrutements se sont adressés aux Espagnols volontaires, alléchés par les hauts salaires offerts par les Allemands, très vite les pressions qui s'exercent deviennent inadmissibles. Outre le scandale de ces recrutements forcés, il faut constater que le manque de main d'œuvre devient crucial en zone sud. Car beaucoup d'agriculteurs sont prisonniers et les Espagnols, excellents travailleurs, les remplacent dans les campagnes, à la satisfaction de leurs employeurs.

Au début de la guerre, les Etrangers sont groupés en GTE et travaillent sous une direction para militaire. Dès qu'ils passent sous la direction du CLC, les groupements sont réorganisés et des inspecteurs passent régulièrement pour inviter la direction à faire preuve de plus d'humanité. A la fin de 1941, sur les quarante mille Travailleurs Etrangers de zone sud, dix-huit mille sont diffusés dans les campagnes. Bataillant avec le ministère des Finances, le CLC parvient à faire supprimer le système injuste des primes, pour obtenir pour eux le droit aux conventions collectives et à un juste salaire, Ce sera la meilleure dissuasion pour qu'ils ne quittent pas la zone sud.

L'année 1942 commence par la nomination d'un nouveau Commissaire du CLC, en la personne de Jean Terray, dont les idées sont en accord avec celles de Maux. Non seulement il laissera toute son autonomie au Commissaire-adjoint, mais peu à peu les méthodes de la zone sud feront école en zone nord. Ainsi se généraliseront : la politique du reclassement, les équipes préfectorales, le chômage des femmes… De plus l'adjoint de Terray, Heilmann, est un résistant qui partage tout à fait les idées de son homologue de zone sud.

A la suite de ses visites aux camps d'Argelès et Agde, Maux a établi une relation confiante avec le Comité de Nîmes, organisme chargé de coordonner les œuvres caritatives s'occupant des réfugiés. Le président Donald Lowrie et son adjoint, le pasteur Toureille, vont emprunter régulièrement le chemin du bureau du Commissaire-adjoint, qui sollicite et suit leurs conseils. Certaines mesures sont ainsi décidées :

nomination d'aumôniers régionaux, organisation de centres pour les malades, multiplication des visites médicales, orientation vers des centres de reclassement, secours aux familles des volontaires partis chez Todt… Les délégués du CLC sont désormais invités aux réunions du Comité de Nîmes, lorsqu'elles traitent de sujets les concernant. Pour ce qui est des Juifs étrangers, les plus démunis de tous, le chef du Service Social, Lesage, va plus loin encore. Il demande un entretien auprès du Consistoire israélite de France pour proposer de créer des Centres d'accueil, qui seraient gérés par les Juifs eux-mêmes. Sa proposition est acceptée par le président Helbronner, qui la trouve généreuse. Ainsi seront mis à l'abri des vieillards, des inaptes, des malades et des familles, qui vivront de manière spartiate certes, mais seront presque tous à l'abri jusqu'à la fin de la guerre.

Le retour de Pierre Laval, en avril 1942, aggrave terriblement la situation. A la tête du Commissariat aux Questions juives, il remplace Xavier Vallat par Darquier de Pellepoix, le représentant de l'antisémitisme le plus haineux. Et le nouveau secrétaire général de la Police est l'ambitieux René Bousquet. Ces hommes vont jouer un rôle déterminant dans le tragique destin des Juifs étrangers vivant en France. Et la fragile protection qu'a cherché à leur dispenser le CLC, va être balayée par les dramatiques événements qui se déroulent à partir de juillet

1942. En outre le ministre du Travail, René Belin, est remplacé par Hubert Lagardelle, qui professe des opinions bien différentes. Pour le CLC, les conséquences seront si graves qu'elles conduiront fatalement à sa dissolution.

Mais, au printemps 1942, la principale difficulté qui se pose en France est la pénurie alimentaire qui menace de frapper la population. Le CLC va pouvoir y jouer un rôle important. Tout d'abord en mobilisant la main d'œuvre dans les campagnes, ce qui a d'ailleurs toujours été sa politique. Et le CLC se montre si efficace que le gouvernement décide, en juillet, de lui rendre la direction des chantiers. Maux, qui a toujours trouvé cette solution inhumaine, s'empresse de les dissoudre, afin de libérer des travailleurs pour les travaux agricoles.

Une autre préoccupation du gouvernement est la pression que l'occupant exerce sur la main d'œuvre nationale. Il a besoin de recruter des travailleurs, susceptibles de remplacer les ouvriers allemands appelés sur le front de l'Est. Or Terray est en première ligne, en tant que Secrétaire général au Travail et, sur ordre de Laval, il s'attelle à mettre en œuvre pendant tout l'été, la solution de la « Relève ». Mais c'est un échec, car bien peu d'ouvriers français seront volontaires pour « relever » leurs compatriotes travaillant déjà dans les usines allemandes. L'occupant impose alors, en septembre 1942, les premières mesures du

Service du Travail obligatoire (STO) et Terray donne sa démission. Il demande à Maux de le remplacer à la direction du service, mais ce dernier refuse de devenir Commissaire en titre – poste politique - se contentant de la fonction de « Commissaire Provisoire ».

En juillet se déroule à Paris, la terrible rafle du *Vél d'Hiv*. Mais la zone sud ne va pas être épargnée : un mois plus tard, survient la première rafle des Juifs étrange. Par malchance, Maux est absent pour trois semaines. Epuisé par deux années de travail intensif, il a décidé d'aller se reposer dans sa famille, qu'il a beaucoup négligée depuis des mois. Devant circuler dans le sud de la France, il ne peut être joint. Pendant son absence, certains de ses cadres sont en butte à de terribles pressions policières et, de plus, ils sont tenus au secret le plus absolu. Il s'agit d'appliquer la décision allemande - acceptée par Laval et Bousquet - de renvoyer vers le nord les Juifs allemands que le Reich avait déportés en zone libre au début de la guerre : la raison officielle étant de créer des « colonies de peuplement en Pologne ».

Lorsque Maux regagne Vichy, les rafles sont terminées et sa seule ressource est de lancer une enquête approfondie sur ce qui s'est passé au sein de ses propres services. L'attitude de Lesage et de tout le Service Social lui paraît exemplaire. A l'instar de leur chef, ils se sont ingéniés à sauver un maximum de personnes, en désobéissant aux ordres de la police et en appliquant avec énergie tous les cas d'exemptions possibles. Lesage, en personne, a participé au sauvetage de quatre-vingt-neuf enfants du camp de Vénissieux, secondant l'action des représentants de *l'Amitié Chrétienne*. Pour ce haut fait, il est poursuivi par la police et est passé dans la clandestinité. Maux parviendra de haute lutte, à le réintégrer à la tête de son service.

L'attitude du colonel Tavernier, qui dirige les GTE, a été beaucoup plus « disciplinée » et il essuiera les reproches du Commissaire-adjoint. Pourtant il a réussi à exempter tous les anciens combattants et a refusé que ses cadres participent aux rafles. Mais dans les groupes compacts les ordres de la police ont occasionné plus de mille départs. Chez les Travailleurs diffus, beaucoup ont pu s'enfuir, souvent aidés par les cadres de leur service, agissant selon leur conscience. Les autorités juives témoigneront d'ailleurs leur reconnaissance

A la suite de ce tragique été, puis de la démission de Terray, Maux sait que son service est condamné. Ayant de nouveau rencontré le président du Consistoire juif, il prend conscience des interrogations qui se posent quant à la destination des Juifs déportés et il en informe son personnel. De plus, avec la mise en place progressive du STO, ses relations avec le ministre du Travail deviennent exécrables. S'il a accepté d'assurer l'intérim de la direction du CLC, c'est à la demande pressante de Terray et pour tenter de sauvegarder l'essentiel de son œuvre. Car il est vrai que la protection d'un service officiel constitue une indispensable couverture pour toutes les activités occultes qui se sont développées au fil des mois. Pendant des semaines, il s'efforce de réorganiser les services, afin de mieux les armer pour l'avenir. Il trouve d'ailleurs un appui inattendu auprès de Jean Jardin, le chef de cabinet de Laval, qu'il rencontre discrètement par deux fois et qui, malgré l'opposition de Lagardelle, se rend à ses arguments.

Le Commissaire provisoire parvient donc à mettre sur pied un « Office de reclassement professionnel », qui deviendra par la suite « l'Office liquidateur du CLC » et permettra à l'essentiel du personnel de rester en place. Mais Maux, quant à lui, ne veut plus travailler avec ce gouvernement. De plus l'entrée des Allemands en zone sud - le 11 novembre, à la suite du débarquement américain an Afrique du Nord – prouve bien que Pétain n'agira plus que sous la botte allemande. Lagardelle, soulagé de voir partir ce fonctionnaire têtu et indiscipliné, accepte sa démission. Dans la foulée, il licencie Heilmann, son homologue de zone nord. Le 1er mars 1943, est prononcée la dissolution du CLC. Mais l'avenir ne sera pas facile pour le personnel car les ministères classiques ne tardent pas à dépecer cet organisme trop indépendant. D'où la disparition du Chômage artistique, du service du Ravitaillement et de la Production agricole, ainsi que des Centres d'accueil. Le Service des Cadres licenciera la moitié de ses effectifs et le Service social passera sous la coupe du Travail, puis de l'Intérieur. Les patrons de Lesage seront Bichelonne, puis Déat...

Avant de quitter Vichy, Maux fait ses adieux à son personnel, qu'il laisse très désemparé. Il reçoit ses cadres un par un, pour évoquer leur avenir : tous lui disent leur amitié et leur désir de travailler de nouveau sous ses ordres. Il reçoit aussi des dizaines de lettres de remerciements et les emporte avec tous ses dossiers personnels, qu'il compte ranger dans son bureau à Viazac. Il s'étonne de ne ressentir aucun chagrin d'abandonner ses responsabilités, mais plutôt une grande tristesse de quitter ces hommes et ces femmes avec qui il a partagé tant de combats depuis deux ans. Pour le remercier avant son départ, le maréchal Pétain l'invite à déjeuner, une grande première ! Il est longuement interrogé sur son travail en Chine car, à la table du chef de l'Etat, on ne parle jamais de politique.

Maux fait une longue halte dans sa famille et constate à quel point sa femme est soulagée de le voir quitter Vichy ! Elle le lui conseillait d'ailleurs depuis des mois, révulsée par la politique du Maréchal. Lors d'un de ses courts séjours auprès de son mari, elle avait même refusé que sa fille aînée offre un bouquet au chef de l'Etat.

Fig. 10: Famille Maux 1945 à Viazac

Et elle s'était donné beaucoup de mal pour loger des enfants « réfugiés » chez les habitants des villages voisins. Sans dire expressément qu'il s'agissait d'enfants juifs, la Croix Rouge de Figeac - où Hélène participait à la confection de colis pour les prisonniers -

essayait de mettre à l'abri des enfants de la région parisienne. La jeune femme, qui sillonnait à bicyclette les villages des environs pour trouver du ravitaillement, avait proposé de chercher des familles pour les accueillir.

Puisque la zone libre n'existe plus, Maux décide de s'installer à Paris, pour fuir la pression policière de Vichy. En effet la section « Enquête et Contrôle », réorganisée par Darquier de Pellepoix, est devenue terriblement efficace. Le Commissaire aux Questions juives n'a jamais reçu de réponse aux lettres comminatoires envoyées au CLC et s'en est plusieurs fois plaint au ministre du Travail. Maux craint donc pour sa sécurité. Il redoute aussi que la Gestapo, qui se déploie en zone sud, ne découvre les caches du matériel des armées, disséminées dans la zone sud dans des locaux du CLC. Pendant trois mois, pour ne pas être arrêté, il s'installe dans un discret studio dont sa famille n'a même pas l'adresse. De plus, sa position est assez floue, tant qu'il n'a pas trouvé de poste dans un ministère. Et il est résolu, s'il n'y a pas d'autre solution, à quitter la fonction publique.

En février, il se rend à son ministère de tutelle, les Colonies, la seule solution possible pour lui qui, ballotté entre différentes administrations, ne reçoit aucune solde depuis quatre mois. Il rencontre son collègue et ami, l'inspecteur général Beau, qui tient à conserver dans ses services, ce fonctionnaire qu'il estime.

Maux se voit alors proposer un travail inattendu, qui n'a aucune implication politique et convient à sa « position de retrait volontaire ». Et lui qui n'a jamais mis les pieds en Afrique, accepte avec soulagement le poste de directeur provisoire de « l'Office du Niger ».

L'Office du Niger fut créé en 1920, au Soudan, pour mettre en valeur toute une région drainée par le fleuve Niger, représentant une superficie égale à la moitié de la Belgique. Le but était d'approvisionner la France en coton puis, la mise en exploitation progressive de terres irriguées a permis de développer d'autres cultures – comme le riz - pour nourrir les populations de l'A.O.F. Un jeune ingénieur, Emile Belime, fut envoyé sur place pour les premières études et fit la preuve que l'irrigation de tout ce bassin du Niger pouvait se faire par simple gravitation. On installa la direction à Ségou et l'Office devint un véritable « Etat dans l'Etat ». La France débloqua d'importants crédits pour construire des barrages, des écluses, des canaux de navigation et des centrales électriques. Les nouvelles terres irriguées furent confiées à six mille cultivateurs africains, et deux cents colons expatriés. Enfin une importante main d'œuvre fut recrutée en Haute Volta.

Mais le succès de l'entreprise n'est pas au rendez-vous. A la déclaration de guerre, seuls douze mille hectares sont mis en exploitation. La tournée d'inspection du secrétaire d'Etat aux

Colonies, l'amiral Platon, a permis l'élaboration d'un ambitieux programme, pour lequel un important matériel a été commandé. Or, pour l'instant, il reste bloqué en métropole et il est important qu'il ne tombe pas aux mains des Allemands. L'idée du ministère est de l'éparpiller de la façon la plus discrète possible en province. Maux va prendre en charge ce problème, en commençant pas contacter la Compagnie Nationale du Rhône, chargée de l'exploitation du riz en Camargue. Il est particulièrement indiqué pour ce rôle, étant lui-même à l'origine de la plantation du riz dans le delta du Rhône et parce qu'il est un expert reconnu en Hydraulique agricole.

Hélas, la sinécure de l'Office du Niger ne va durer que trois mois. En effet, à l'étonnement général, l'ingénieur Belime parvient à rentrer en France via l'Espagne, pour reprendre son poste. Il assure n'avoir pu supporter l'ambiance qui règne en Afrique du Nord depuis le débarquement américain ! Mais il va bientôt avoir à faire face aux rudes pressions de l'occupant, qui a découvert l'existence du matériel camouflé. Et il ne pourra éviter d'importantes réquisitions.

Pendant ces trois mois de retrait, Maux s'est reposé et se sent désormais très soulagé de ne plus être mêlé aux turbulences d'un gouvernement, dont il déteste les orientations présentes. Pendant son temps libre, il prend contact avec d'intéressants mouvements de pensée. Celui de Jean Rivain, qui vient de créer une publication apolitique : « *Unité française* », mais Maux lui reproche de manquer de réalisme. Il est plus en accord avec les recherches du père Lebret, qui a défini sa doctrine en 1942 à Marseille, dans le manifeste « *Economie et Humanisme* ». Le dominicain s'est installé aux environs de Lyon et organise des *Journées du Mont Dore,* autour du thème de la « révolution communautaire », une idée neuve à laquelle Maux s'intéresse. Il se rend à la première session, en mai 1943 et juge les débats de bonne tenue intellectuelle. Quelques autres sessions suivront, malgré l'opposition d'un Laval, redoutant qu'il s'agisse d'une critique de sa politique D'ailleurs le père Lebret finira par y renoncer, suivant le conseil de son supérieur, le cardinal Gerlier.

Maux se retrouve donc sans emploi fin mai 1943. Or il ne se sent en équilibre que s'il porte quelque dessein. N'avait-il pas adopté, pour le CLC, la devise de saint Benoît : « *Qui que tu sois…pour servir* ». De Londres, lui parvient un message de son ami Pierre Laroque : « *La tâche des fonctionnaires dans la période que nous traversons est une tâche difficile… Difficile moralement, car la plupart d'entre eux se posent un conflit de conscience. Il faut concilier le souci d'assurer le fonctionnement des administrations nécessaires à l'existence même du pays, et la répugnance à apporter une aide à l'occupant* »

Cherchant à se rendre utile et nostalgique de la Chine, Maux reprend alors contact avec l'un des meilleurs spécialistes de l'Asie au Quai d'Orsay. Il s'agit de l'ambassadeur Jean Chauvel, pour qui il a beaucoup d'estime. A l'entrée des Allemands en zone sud, Chauvel a quitté Vichy et donné sa démission, suivi d'une vingtaine de jeunes diplomates. Certains ont réussi à gagner Alger ou Londres, mais la plupart sont restés en France dans leurs familles ou sont esseulés à Paris et se trouvent sans ressource. Se sentant responsable de leur sort, Chauvel sollicite ses amis banquiers et parvient à verser des petits salaires à ses collègues. Il veut les garder en état de reprendre du service à la moindre occasion D'abord installé dans les locaux de la banque de l'Indochine, dont le directeur est l'ancien ministre Baudoin, il finit par occuper les locaux plus spacieux de l'Institut des Sciences Politiques, mis à sa disposition par son ami Roger Seydoux. Un véritable *brain-trust* se crée autour de l'ambassadeur et s'occupe à rédiger des études concernant différentes parties du monde, Chauvel s'étant réservé la section Asie. Ces travaux sont mis au point lors de discussions communes et sont soumis à des diplomates chevronnés qui viennent en visite. C'est ainsi que le successeur de Chauvel à Vichy, découvre avec effarement ce « ministère occulte » ! Les études sont acheminées vers Alger, via la valise diplomatique de Pietri, l'ambassadeur de France en Espagne, qui ferme les yeux sur la destination finale de certains courriers. Maux propose de prendre part aux travaux de l'équipe Asie, en tant que spécialiste des questions économiques chinoises, expertise que bien peu de Français possèdent. Mais bientôt il se voit confier une seconde mission par l'adjoint de Chauvel, Bernard de Chalvron, responsable du N.A.P (noyautage des administrations publiques) au ministère des Affaires étrangères.

Depuis toujours il existe une rivalité entre le ministère des Colonies et celui des Affaires étrangères, ce dernier considérant ses collègues avec condescendance ! Les diplomates jugent donc judicieux d'envoyer Maux en éclaireur, dans son ministère de tutelle. Il s'agit de choisir une personnalité sûre, pour diriger le N.A.P, Maux connait bien ce mouvement de résistance, créé, au sein du ministère du Travail de zone sud, par son adjoint Ladel, qui lui en avait parlé. Les mouvements nord et sud ont fusionnés grâce à Claude Bourdet, qui a donné ses directives : « *Les activités du NAP doivent rester cloisonnées vis-à-vis des autres mouvements de résistance, puisque ses acteurs restent à poste fixe et sont donc particulièrement vulnérables, en raison de leurs activités permanentes de renseignement et de sabotage administratif* ».

On imagine bien comme l'entreprise de Chauvel va finir par irriter en haut lieu ! Après un avertissement, ce sont des intimidations, des menaces, des écoutes téléphoniques et même des coups ! A l'automne 1943, l'atmosphère devient irrespirable et Chauvel est obligé de se cacher. Le général Revers, chef de l'Organisation de Résistance de l'Armée (ORA) parvient à le faire passer en Angleterre, via les Pyrénées et l'Espagne.

Le ministère des Colonies

Maux, quant à lui a choisi une autre voie. Il a pris contact avec Devouton, le chef de cabinet de l'amiral Bléhaut, devenu depuis quelques semaines le nouveau ministre de la Marine et des Colonies. Tous deux vont choisir Delavignette, le directeur de l'Ecole Coloniale, pour occuper le poste de représentant du NAP. Mais ayant longuement discuté avec Maux, Devouton va penser à lui pour occuper le dernier poste de responsabilité qui reste à pourvoir au ministère des Colonies, celui de directeur du personnel.

Il organise une entrevue entre son ministre et le nouveau venu, qui n'est pas du tout décidé à accepter cet emploi, qui ne correspond pas à ses compétences d'ingénieur. En fait, Maux et l'amiral vont très bien s'entendre : Maux ne cache pas qu'il est très mal vu à Vichy et Bléhaut l'assure qu'il ne veut être qu'un ministre technicien, dépendant du Maréchal et non de Laval. D'ailleurs il est le seul ministre à résider à Vichy et non à Paris, où siège le gouvernement. De plus il a trois fils qui se battent en Afrique du Nord, et il est tout à fait acquis à leur cause. Et il assure à son interlocuteur, qu'il n'exigera jamais rien qui soit contraire à ses convictions. Maux demande huit jours de réflexion et part dans sa famille. Or, à son retour, le décret de sa nomination a déjà paru, il est mis devant le fait accompli.

Le 1° juillet 1943, Maux prend son poste au ministère des Colonies, situé rue Oudinot. Il occupe un immense bureau d'angle, vide et poussiéreux. Il installe sa secrétaire, Mlle Pelletier; dans la pièce voisine et part à la recherche des archives du ministère, mais elles ont été transférées à Chatel-Guyon. S'il avait redouté d'être inutile à ce nouveau poste, il est vite détrompé. Car sur son bureau l'attendent, dès le premier jour, deux problèmes à régler d'urgence : celui du pilote Petitlaurent et celui du STO, qui menace trois promotions d'élèves administrateurs sortant de l'école.

Petitlaurent est un jeune élève qui est parti en Angleterre en 1939, pour devenir pilote de chasse. Ayant été abattu en France lors d'une mission, il est passé devant un tribunal militaire, qui lui a infligé une légère peine de prison. Il s'est ensuite engagé dans les chantiers « *Jeunesse et Montagne* » qui ont été dissous après l'entrée des Allemands en zone sud. Il cherche maintenant à reprendre sa place à l'Ecole coloniale, qui se montre très réticente. Maux, frappé par le parcours du jeune homme, décide de reprendre toute l'affaire. Il interroge la direction des chantiers, qui lui confirme qu'il s'agit d'un garçon possédant un grand ascendant personnel. Maux décide de tester le ministre. Il lui présente l'affaire en insistant sur le fait, qu'après les années de guerre, les colonies auront besoin de fortes personnalités. L'amiral, loin de s'y opposer, réintègre aussitôt Petitlaurent.

Le problème du STO va demander au directeur du personnel un mois de discussions serrées avec Weimann, le commissaire général à la Main d'œuvre, Il s'agit d'obtenir l'exemption de STO pour trois promotions d'élèves administrateurs (1939, 1940, 1941), soit cent trente-trois jeunes, que le gouvernement veut envoyer en Allemagne. Maux, qui s'est vu interdire par Lagardelle tout retour à Vichy, est cependant très au courant de ce que deviennent ses anciennes équipes. Et il sait à quel point les Indochinois de la MOI souffrent de leurs conditions de vie présentes. Or il s'agit d'une population fragile, et travaillée par des courants politiques d'extrême gauche. Il propose d'envoyer ces jeunes administrateurs débuter leur carrière dans les équipes du sud de la France. Soutenu par son ministre, il obtient gain de cause, et va même jusqu'à rappeler ceux qui sont en instance de départ ! Les élèves de la classe suivante rejoindront leurs aînés, et « *l'accord Weimann* » servira d'alibi pour exempter du STO plus de cinquante élèves coloniaux d'autres formations : médecins, magistrats, services civils, professeurs, techniciens…Ils seront expédiés dans le sud, pour renforcer l'encadrement de la MOI et tenter, autant que possible, d'améliorer le sort des travailleurs.

Début août Maux rend visite à Delavignette, le représentant du NAP, qui dirige l'Ecole coloniale et avec qui il a beaucoup d'affinités. Les deux hommes s'entendent pour mettre un terme à la mauvaise entente qui règne entre l'Ecole et le ministère. Puis Maux demande à visiter le Centre de Recherches scientifique des Colonies, installé à Nogent-sur-Marne, dans un cadre exceptionnel, hérité d'une exposition coloniale. Il est très intéressé par les recherches agricoles qui s'y déroulent et est reçu avec enthousiasme par les élèves, qui viennent d'apprendre leur exemption du STO. Par la suite, ce centre deviendra l'ORSTOM.

Malgré la confiance qu'il éprouve envers son ministre, il est un sujet que Maux n'a pas évoqué devant lui. Il s'agit de la visite – en juillet - de son ancien adjoint le capitaine de Saint Hilaire, qui vient de passer dans la clandestinité. Une cache du matériel des armées ayant été découverte, l'enquête est remontée jusqu'au CLC et Saint Hilaire, responsable du Camouflage du Matériel depuis l'origine, décide de disparaître. Ayant contacté le réseau Bourgogne, qui s'est spécialisé dans le transfert des aviateurs alliés, il reçoit l'ordre d'attendre le signal du départ à Paris. Sa première visite est pour son ancien patron Maux, qui s'empresse de subtiliser le dossier de ce fonctionnaire colonial. Sachant que Saint Hilaire souhaite gagner Alger, il lui confie une lettre pour son ami Capitant, très au courant des activités du CLC et lui demande d'aller voir Pleven, le ministre des Colonies d'Alger. Or, en novembre, Maux voit revenir Saint Hilaire, car les choses ne se sont pas passées comme prévu. Le capitaine a bien rencontré Capitant et Pleven et ce dernier, intéressé par la proposition de Maux, a promis de lui envoyer un plan d'action. Mais les autorités militaires ont jugé que le nouveau venu serait plus à sa place dans le renseignement militaire en France, plutôt que dans une unité combattante. Après une rapide formation d'un mois, il a été déposé par une nuit sans lune, en sous-marin à Saint-Tropez. Et il s'est rendu à Vichy pour rencontrer les responsables du service de renseignement SR Kléber et de l'ORA (Organisation de Résistance de l'Armée), dirigée par le général Revers. Il a pris alors contact avec d'anciens collègues du CLC, dont il est sûr : Berdalle, un ami personnel de Maux, Roger Bloch, le directeur des services administratifs, Moosman et Liard du NAP, Humeau et Perrin du service artistique et deux secrétaires, Mlles Mercky et Achard. Puis il a gagné Paris à la demande de la centrale Kléber mais, à son arrivée, il apprend que tout le réseau a été décapité par de massives arrestations. Son rôle est désormais de le reconstituer avec de nouveaux membres. Saint Hilaire crée alors le Réseau Marco et prend le surnom de Joyeux, « *en réaction contre la morosité ambiante* » ! Ses amis du CLC deviennent ses premières recrues et le réseau comptera bientôt cent soixante membres actifs, chargés de récolter des renseignements militaires, en vue d'un prochain débarquement. Ayant revu Maux discrètement, il en fait l'un de ses trente-trois *honorables correspondants*. Ce réseau, très efficace, aura un rôle important jusqu'à la fin de la guerre et son principal titre de gloire, sera d'avoir fait passer aux Anglais les premiers plans des V2.

Pendant l'été 1943, le directeur du personnel se voit proposer par l'amiral Bléhaut, d'occuper son appartement de fonction pendant le mois d'août, pour y passer des vacances en famille. Malgré sa réticence à regagner Vichy, ce sera un bonheur pour Maux, si solitaire dans l'année, de vivre dans un « vrai foyer », constitué en fait de quatre chambres d'hôtel ! Cette parenthèse heureuse lui donnera du courage pour affronter un terrible hiver, au cours duquel la situation en France ne cessera de se dégrader Car le Maréchal, de plus en plus fatigué, est incapable de s'opposer à la nomination au gouvernement des pires partisans de la collaboration, Déat, Darnand et Henriot…

Quant au travail que Maux effectue au ministère, il lui paraît bien austère. Il s'agit de la réforme du statut des fonctionnaires coloniaux, à discuter au Conseil d'Etat. Il lui faut aussi apaiser les tensions qui règnent entre les ministères des Finances et des Colonies, qui se déchirent quant aux salaires des mille sept cents Coloniaux, éparpillés en métropole depuis quatre ans, dans différentes administrations. En revanche, Maux se plaît à développer le Service Social, qui ouvre cinq foyers et cantines pour les étudiants. Il organise aussi les secours à envoyer aux familles des Coloniaux, qui ne reçoivent plus d'argent, parce que leur père est passé à la « dissidence ». Deux cents familles vont ainsi sortir de la précarité, mais il faut étudier chaque dossier.

Le plan de travail de Pleven étant arrivé d'Alger, Maux va consacrer toutes ses soirées à y répondre de façon circonstanciée. Il veut exécuter ce travail le plus rapidement possible, car il sait que son ministre est sur un siège éjectable et lui-même ne pense pas garder longtemps son poste. Un premier courrier de dix pages part en mars 1944 et sera suivi d'un second quelques semaines plus tard. Ces textes serviront de base, à la Libération, à l'organisation du personnel des Colonies et les deux ministères – à Paris et à Alger – réussiront à harmoniser leurs positions. Maux en profite pour exposer ses propres idées. Ainsi il a toujours trouvé préjudiciable à la bonne marche du service, que tous les ordres partent des fonctionnaires « *qui servent au département* », et donc ne mettent pas les pieds outre-mer. Or leur nombre actuel dépasse les six cents ! Et il émet le souhait qu'en Indochine particulièrement, les jeunes locaux trouvent des places à la hauteur de leurs diplômes. Lorsqu'il travaillait dans ce territoire, il avait été choqué par l'injustice qu'ils subissaient. Pour le transport des courriers, ce sont les secrétaires du réseau Marco, qui s'en chargent jusqu'à Vichy. Puis la centrale Kléber les confie à des valises diplomatiques ou à des militaires qui traversent les Pyrénées. Ce travail solitaire que Maux effectue chaque soir dans son logis glacial, est un signe d'optimisme, car il parie sur une victoire prochaine des Alliés. Or, début 1944, la situation est très grave en France, et les revers des Allemands en Russie exacerbent les exactions de la Milice. A Paris, Maux est souvent sollicité pour secourir des gens à bout de ressources qui sont, soit des Juifs, soit d'anciens du LC qui n'acceptent plus le rôle que leur impose le ministre du Travail.

Le 14 avril, Maux est prévenu de l'arrestation de son ancien adjoint, Gilbert Lesage, chef du Service Social du CLC. La police a agi de façon précipitée, pendant le week-end de Pâques, Puis Lesage a été conduit à la prison des Tournelles. Maux cherchant à l'aider, apprend que son ancien adjoint, avec l'audace qui l'a toujours caractérisé, vient de sauver tous les Polonais vivant dans les Centres d'accueil du CLC, aux environs de Grenoble. Ayant rencontré un fonctionnaire de police de sa connaissance, ce dernier a eu l'imprudence d'évoquer la rafle prochaine des Polonais, qui comptent beaucoup de résistants. Dans la nuit, Lesage est parti pour Grenoble prévenir le chef du réseau Monika et tous les Polonais ont disparu dans le maquis. La police n'ayant trouvé personne, a fait une enquête qui l'a mené à Lesage. Pourtant, à son propre étonnement, il ne sera ni jugé ni déporté. Il soupçonnera que le chef de la police de Vichy, Quirielle, voyant le vent tourner, l'a épargné pour qu'il puisse lui servir un jour de caution

Au printemps 1944, parviennent à Vichy les échos des dramatiques événements qui se déroulent dans le Lot et touchent de près Viazac. Le département est le théâtre de terribles massacres, dus à la division *Das Reich* qui est responsable des tueries d'Oradour-sur-Glane et de Tulle. A Figeac même, au matin du 15 mai, tous les hommes sont raflés, en représailles à l'audace des maquisards, très actifs dans la région. Or Maux, pour une fois, a raté une correspondance et arrive à Figeac à midi, échappant de justesse à la rafle. Il vient voir sa quatrième fille et apporte lui-même la terrible nouvelle à Viazac… Puis, le 27 mai, un colonel allemand est assassiné avec sa compagne française, sur la route qui longe la gare de Viazac. La répression est terrible et tous les habitants du village de Linac, situé dans une vallée voisine, sont massacrés. En vérité, cette période sera très dure à vivre pour le couple, qui n'arrivera pas à se rejoindre pendant de longues semaines, en raison de l'inexistence des transports.

La Libération

Le 6 juin 1944, les Alliés débarquent en Normandie.

Maux est à Vichy pour expédier les affaires courantes et, comblé de joie, il se précipite à l'église Saint Louis pour confier sa jubilation au Seigneur ! Il suit les événements heure par heure et s'extasie devant les énormes moyens mis en œuvre par les Alliés. Le seul ennui est l'interruption de presque tous les moyens de communications, trains, courriers ou téléphones…Il se retrouve dans une atmosphère de guerre, comme celle qu'il avait connue en Chine. Mais le problème est de quitter « *l'asile de fous* » qu'est devenu Vichy ! Maux a la chance de profiter de la voiture de Fatou, le secrétaire général du ministère, pour regagner Paris. Il apporte des nouvelles à sa belle-famille, ainsi qu'aux amis parisiens et figeacois, car il est le seul à avoir pu joindre sa femme au téléphone le jour même du débarquement. C'est ainsi qu'il a eu le récit des événements qui ont eu lieu autour de Viazac.

A Paris, Maux déploie des cartes sur les murs, pour suivre l'avancée des Alliés qui, après la première surprise, se heurtent à une forte résistance. Le 29 juin Cherbourg est libéré, tandis que d'autres villes du Cotentin, pilonnées sans répit, sont réduites en cendres. Pendant ce temps les premiers V1 - bombes volantes sans pilote – s'abattent sur Londres, causant de terribles destructions. On apprend à Paris, l'assassinat de Henriot, par le groupe Franc-Tireur. Le secrétaire d'Etat à l'Information était l'une des personnalités les plus haïes de France, car il déversait à la radio chaque jour des discours enflammés. Sa disparition est le signal d'une sévérité accrue de la part de la police. Au ministère des Colonies même, une dizaine de fonctionnaires sont arrêtés, sous le prétexte qu'ils cachent du matériel pour le compte de la Résistance. Par chance, Maux est justement absent ce jour-là, mais il sent qu'il ne peut plus quitter son poste. A Vichy, les arrestations se multiplient et, à défaut de Roger Bloch qui est recherché, on arrête sa secrétaire, Mlle Mercky qui convoyait souvent les courriers Marco.

Maux renonce définitivement à gagner Viazac, mais les nouvelles en provenance du Lot le jettent parfois dans des crises d'anxiété terribles. Mais, finalement les exactions des Allemands vont gagner une autre partie du département car le maquis, après avoir fait sauter un train en contrebas de Viazac, vient de couper la route par une profonde tranchée. Une nouvelle inespérée parvient cependant à son bureau du ministère : il a obtenu la location d'un grand appartement, situé avenue Duquesne, qu'il convoitait depuis un an. Enfin, la perspective de pouvoir vivre en famille, après la guerre !

Début août, il est convoqué à Vichy par l'amiral Bléhaut, qu'il trouve très inquiet des menées de l'occupant. Car, craignant un débarquement en Provence, les Allemands opèrent des destructions massives sur les installations portuaires et se préparent à saborder la flotte marchande. Il faudra une intervention musclée du ministre de la Marine auprès de la Commission d'armistice, pour arrêter le massacre. Avant de quitter définitivement Vichy, Maux veut remplir la promesse faite à un vieux missionnaire, qui a vécu 32 ans en Chine. Celui-ci, qui dirige *La Maison du Missionnaire*, a réuni une nombreuse assemblée dont l'amiral Bléhaut, qui cherche à se changer les idées. Maux expose le passionnant travail effectué au Cambodge et en Cochinchine vingt années auparavant et avoue à quel point il reste attaché à l'Asie !

Maux décide de se rendre à bicyclette jusqu'à Châtel Guyon, où se trouvent toutes les archives du ministère. Il veut aussi revoir son ami Saint-Mleux, avec qui il échange depuis des semaines des messages codés, afin de signaler les mouvements des véhicules allemands, qu'il fait ensuite parvenir à Marco. Or les courriers sont interrompus en raison d'une censure devenue féroce. Saint-Mleux, qui en avait eu un temps la direction, lui apprend à quel point la MOI manque de cadres compétents. Or Maux à Vichy, reçoit journellement des fonctionnaires coloniaux qui, détachés depuis quatre ans, souhaitent réintégrer leur ministère d'origine. Voilà pour eux une destination toute trouvée !

Le débarquement allié en Provence, a lieu le 15 août 1944. Cette fois comment ne pas imaginer la victoire prochaine ?

Rentré à Vichy, après avoir échappé de peu à une prise d'otages à Volvic, Maux retrouve la capitale provisoire en pleine panique. Elle ne bruit que des préparatifs de départ des miliciens des quatre départements voisins qui, affolés par les nouvelles venues du sud, ont convergé vers Vichy. Ils déménagent les immeubles qu'ils occupent et entassent leur butin dans des camions. Le 25 août, trois trains spéciaux quittent la ville en direction de l'Est, suivis d'une file de deux cent cinquante camions bondés. Les habitants de Vichy ne les reverront jamais, à leur grand soulagement, car la milice est responsable de plus de trois cents arrestations dans leur ville même. Mais les Allemands, eux, sont toujours là, avec leur repaire de la Gestapo, situé à l'hôtel du

Portugal, entouré de barbelés jusqu'au toit et dont personne n'a pu s'évader !

Voyant les Alliés remonter à toute vitesse du sud et redoutant d'être pris en tenaille entre eux et les armées venues de l'ouest, les Allemands décident à leur tour de quitter Vichy. Mais auparavant, obéissant à un ordre du Führer, ils veulent emmener en otage le Maréchal, ainsi que tous les membres du gouvernement. Pétain s'y oppose de toutes ses faibles forces, mais finit par céder devant la menace de fusiller cinq cents vichyssois et de bombarder la ville ! Il donne sa démission, suivi de Bléhaut qui, lui aussi, doit partir, après avoir fait de tristes adieux à son état-major. Tous savent que les Allemands les entraineront sûrement hors de France. Mme Bléhaut supplie Sassy, l'officier d'ordonnance de son mari, de l'accompagner car elle a peur qu'il soit assassiné. Laval, depuis Paris, est lui aussi enlevé et démissionne. Il part, entouré de ses collaborateurs les plus durs. Tous vont se retrouver prisonniers dans le château historique des Hohenzollern, à Sigmaringen. Ils y resteront sept mois, jusqu'au 25 avril 1945, date à laquelle le Maréchal regagnera la France.

Après le départ du Maréchal et des troupes allemandes, la situation à Vichy devient très confuse. Des éléments de la Wehrmacht remontent du Sud. Il faut toute la diplomatie de l'ambassadeur de Suisse Stucki, pour qu'ils ne s'installent pas. Puis c'est l'arrivée des voitures de FFI, à la grande joie des habitants.

Maux décide de partir une semaine à Viazac, pour le baptême de sa quatrième fille. Mais il lui faut deux jours pour arriver à destination, par camion, puis par trois trains différents et enfin grâce à une bicyclette expédiée à son intention à Aurillac. Il peut retrouver la chaleur de son foyer et jouir de la présence de ses quatre joyeuses petites filles. Il se fait raconter la libération de Figeac, avec ses rues transformées en tunnels de drapeaux, et le défilé des Résistants, dont certains venaient se ravitailler à Viazac et qui professent désormais des avis politiques divers. Puis une messe d'actions de grâce est dite à l'église de Viazac, face à la maison pavoisée aux couleurs alliées. C'est rempli de forces qu'il reprend la route de Vichy, en espérant regagner Paris le plus vite possible.

Une mauvaise surprise l'attend chez lui : deux policiers sont venus perquisitionner son domicile. Il demande à un commissaire de sa connaissance de faire une enquête à ce sujet : il s'agit des suites d'une lettre de dénonciation, envoyée par un magistrat antillais, l'accusant d'avoir favorisé la fuite dans le sud de la France du milicien Le Mire. Ces policiers venaient vérifier s'il n'avait pas lui-même pris la fuite. Maux se rend au commissariat pour expliquer qu'il s'agit d'un des quatre-vingts fonctionnaires des Colonies, souhaitant retourner dans leur ministère d'origine. Mais Le Mire avait soigneusement caché son passé de milicien ! Bref, c'est tout à fait rassuré qu'il accepte la proposition de son ancien adjoint, Liard, qui lui offre une place dans un convoi de camions retournant à Paris le 7 octobre. Il va pouvoir enfin s'installer dans son nouvel appartement et décider de son avenir.

En retrouvant son ministère à Paris, Maux se rend compte à quel point les choses ont changé. Pour lui, fini le grand bureau et le titre de directeur du personnel. Ce sont les fonctionnaires venus d'Alger qui ont pris toutes les places. Même le secrétaire général, Fatou, est mis en accusation et personne n'a eu l'idée de venir le défendre, en expliquant à quel point il avait été loyal. Maux décide de faire cette démarche et d'en profiter pour voir où en est son propre cas. Il rencontre donc le directeur de la Commission d'Epuration du Ministère, qui assure n'avoir rien à lui reprocher hormis la lettre de dénonciation. Donc le blanc-seing obtenu de la police de Vichy ne suffit pas et la lettre fait des vagues à Paris. Maux va consacrer les quinze jours suivants à mettre par écrit toutes les activités de résistance auxquelles il a participé, depuis le début de la guerre. Il va souvent voir ses beaux-parents à Versailles et se promène dans le parc du château sans vraiment y trouver d'apaisement, car « *il marche plutôt dans ses pensées* ». Il déteste cette situation et lui, qui se « *croyait au-dessus de la mêlée* », souffre de se sentir accusé.

Le directeur de la Commission finit par le convoquer et consulter le papier qu'il a rédigé pour sa défense. Mais tout le travail qu'il a fait au CLC, le camouflage du matériel des armées, la protection des exclus, l'arrêt des réquisitions Todt, le refus du serment au Maréchal et de tout poste politique … tout cela ne le touche pas, puisqu'il s'agissait du ministère du Travail ! En ce qui concerne son poste aux Colonies, il reconnait qu'avoir évité le STO à près de deux cents jeunes fonctionnaires, a demandé du courage et de la persévérance. Et qu'il n'était pas sans risque d'envoyer des messages à Alger, puisque des courriers ont été arrêtés. Mais il reste focalisé sur le cas Le Mire ! Pourquoi Maux n'a-t 'il pas mené une enquête sur lui avant de le réintégrer ? Maux tente de lui expliquer l'ambiance qui régnait à Vichy à cette date : les prises d'otage de la Milice, l'arrêt des communications, les nombreux candidats qui venaient le solliciter…Rien n'y fait, il faut attendre le verdict d'ici quinze jours !

Maux sort de cette entrevue très abattu. Il décide de lire le livre que vient de lui prêter son beau-père « *Le traité de la paix intérieure* » et il s'efforce d'organiser son appartement vide et encore éclairé à la bougie. Cependant deux rencontres vont lui redonner le moral. D'abord celle d'un de ses protégés, Roger Levy, qu'il avait connu au Comité d'Etudes du Pacifique et qui l'avait appelé au secours pendant la guerre. Or Maux lui avait trouvé un hébergement discret dans une ferme de l'Ardèche. Les deux hommes promettent de se revoir. Puis c'est son ancien adjoint Saint Hilaire, toujours en uniforme du service des Renseignements, à qui il raconte ses déboires avec la Commission d'Epuration des Colonies. Et le chef du réseau Marco lui promet d'intervenir au plus vite !

En effet, il va voir Pleven, le ministre des Colonies - qu'il avait rencontré à Alger à la demande même de Maux – et lui apporte une note circonstanciée de toutes les actions de résistance du CLC, ainsi que la liste des dix-neuf victimes de la Gestapo. Il lui fait part aussi des services rendus par Maux, en tant qu'*honorable correspondant* du réseau Marco. Pleven, conscient sans doute des excès de l'épuration, téléphone aussitôt au directeur de la Commission, pour lui demander de hâter sa décision et de lui envoyer sans tarder le dossier de Maux.

Un dîner est organisé avec les anciens du CLC, qui ont tenu à prendre le nom de *Comité Bertie Albrecht*. Le repas est présidé par Henri Maux, en la compagnie prestigieuse d'Henri Frenay, l'ami de Bertie et le premier résistant de France. Tous s'étonnent du nombre d'actions de résistances qui ont vu le jour sous la couverture du CLC et de la liste impressionnante des victimes d'arrestations et de déportations. Maux se demande comment il a lui-même pu échapper à ce sort ? Sans doute est-ce en raison de son caractère très secret, de sa démission fin 1942, du manque de coordination des services allemands, ainsi que de la chance dont il a toujours bénéficié. Mais, à présent, règne un climat de haine et de suspicion envers tous ceux qui n'ont pas quitté la France.

Le 5 novembre, Maux est reçu par Pleven, qui souhaite lui faire part de la première lettre arrivée de Chungking, l'actuelle capitale chinoise. Le diplomate Georges-Picot, qui y a été envoyé fin août, pour une mission de trois mois, a été invité par le ministre des Affaires étrangères TV Soong. Celui-ci, lui a dit :

« Je n'ai jamais, trouvé l'égal de M. Maux parmi les divers techniciens étrangers venus en Chine. Pour ma part, je souhaite vivement le voir revenir ».

« Cher ami, ajoute Pleven, *pour votre propre bien, je ne souhaitais pas intervenir dans le cours de l'interrogatoire de la Commission. Mais maintenant que l'hypothèque est levée, tout à votre honneur, je voudrais savoir ce que vous pensez de la proposition du gouvernement chinois. Nous estimons que le retour en Chine d'un expert aussi apprécié que vous l'êtes là-bas, constituerait le meilleur point de départ pour la reprise d'une collaboration entre nos deux pays. Réfléchissez quelques jours et allez voir les diplomates du Quai d'Orsay et l'ambassadeur Pechkoff, qui arrive de Chungking ».*

146

Maux sort tout étourdi de l'entrevue. Il est profondément ému que ses amis chinois ne l'aient pas oublié depuis cinq ans. Mais en réalité, il ne veut pas encore quitter la France, alors que la guerre n'est pas terminée et que sa femme met un immense espoir dans la reprise d'une réunion familiale, après sept ans de séparations incessantes dans des pays en guerre. Son père est au plus mal, son frère et ses beaux-frères encore prisonniers. Il va passer la soirée à écrire une longue lettre à Hélène, pour lui exposer la situation. Mais dans le fond de son cœur, n'a-t-il pas déjà pris sa décision, tant cette proposition inattendue répond à son vœu le plus cher, repartir travailler en Chine ?

Au Quai d'Orsay, il rencontre l'ambassadeur Chauvel, qu'il n'a pas revu depuis son départ précipité à Londres en 1943 et qui est le nouveau Secrétaire général du ministère. Puis l'ambassadeur Naggiar, qui était en poste à Nankin, lors de sa mission SDN, et qui est devenu le directeur des Affaires d'Asie. Et enfin Laurentie, responsable des Affaires politiques, qui a une grande influence au Quai, et qui souhaite le voir travailler dans son département. Tous l'encouragent à repartir, en lui affirmant qu'il est urgent de rétablir des échanges commerciaux et politiques avec la Chine.

Maux fait la connaissance du général Zinovi Pechkoff, qui lui dit avoir entendu Chiang Kaï-shek lui-même faire son éloge ! Le général est un personnage, qui frappe au premier abord par sa grande ressemblance avec le Généralissime chinois. Filleul de Gorki, dont il a pris le nom, il a choisi une carrière militaire qui l'a amené à faire la guerre de 1914 aux côtés des capitalistes, ce que ne lui a pas pardonné son parrain. Pechkoff y a d'ailleurs perdu un bras. Puis il a effectué quelques missions de renseignements en Russie et en 1940, il a opté pour la France Libre. Le Gouvernement d'Alger l'a envoyé en poste à Chungking, où il vient d'être nommé ambassadeur. Il explique à Maux qu'il existe actuellement un froid entre la Chine et les USA, qui ont pourtant maintenu le régime sous perfusion pendant toute la guerre. Brouille due aux échecs militaires, car les Japonais ont repris l'offensive et se sont emparés de plusieurs bases américaines. Le général Stilwell, chargé de moderniser l'armée chinoise, a été limogé. Rentré aux USA, il se répand en critiques sur le Guomintang. Si bien que les Chinois semblent très désireux de renouer avec la France des relations, interrompues depuis six ans.

Le général semble déçu que Maux n'accepte pas de partir sur le champ. Mais son interlocuteur veut attendre le retour de George-Picot, prévu en janvier, et prendre le temps de préparer la future mission qu'envisagent les diplomates.

III.   Diriger

Mission économique en Chine

A Viazac, Hélène reçoit dans les larmes la nouvelle de la décision de son mari. Mais elle finit par se résigner, sachant comme cette mission constitue une chance inespérée pour lui. En attendant son départ, prévu pour mars1946, elle se rend plusieurs fois à Paris pour avancer l'installation de l'appartement. Et, s'apercevant à quel point la vie est difficile dans la capitale, elle choisit de rester encore quelques mois dans le Lot, pour le bien des enfants. En effet, à Paris, impossible de se chauffer, le ravitaillement est toujours problématique et les remous politiques rendent l'atmosphère irrespirable. Et puis, l'absence de son mari ne doit pas excéder trois mois !

En attendant le retour du diplomate Georges Picot, qu'il connait très bien, Maux prend contact avec différentes sociétés françaises traditionnellement présentes en Chine. Mais toutes les relations ont été rompues depuis le 1° août 1943, le gouvernement chinois n'ayant pas accepté la politique de la France en Indochine, ainsi que la rétrocession de nos concessions chinoises au régime fantoche de Wang Jing-wei, mis en place par les Japonais. Et les Nationalistes ont mis la main sur toutes nos possessions en Chine, oubliant les accords précédents. Les deux hommes vont s'atteler à rédiger un « *Programme de la France en Chine* » qui pourrait servir de base à une éventuelle mission économique. Ils jugent tous deux que la politique économique d'avant-guerre, dépendant du seul conseiller commercial de l'ambassade, est désormais dépassée. Il serait bien préférable de d'inspirer des méthodes anglo-saxonnes, tellement plus efficaces et pragmatiques.

Maux s'envole pour l'Asie le 9 mars 1945 et il a l'impression de quitter « d'un coup d'aile » le marasme qui règne en France ! Son voyage doit durer quatorze jours et il emprunte diverses compagnies aériennes : américaines, anglaises puis chinoises à la fin du voyage. Le survol d'une Europe, toujours en guerre, s'effectue au-dessus de pays ravagés, où le conflit a laissé de terribles cicatrices. La première ville qui n'a pas été touchée par la guerre est Le Caire, où l'escale dure trois jours. Et c'est là que parvient aux voyageurs la nouvelle du coup de force japonais en Indochine

Depuis quatre ans, s'était établi un accord entre la colonie - que continuait de diriger l'amiral Decoux - et les troupes d'occupation japonaises. Or ces dernières sont brusquement passées à l'attaque, démantelant les faibles défenses militaires françaises. Peu de détails parviennent encore aux voyageurs mais Maux, qui connait si bien ce territoire et y compte beaucoup d'amis, est très préoccupé par leur sort. En arrivant à Calcutta, grande ville anglaise, qui abrite une « *Mission française* » de renseignements, Maux en apprend un peu plus. Il avait d'ailleurs rencontré à Paris le chef de cette Mission, Langlade, un ancien planteur, qui coordonne les mouvements de résistance en Indochine et représente le général de Gaulle. La Mission comprend une antenne politique avec deux administrateurs - Messmer et Cédile - et une antenne du Renseignement, avec le colonel Roos. On sait désormais qu'il y a eu beaucoup de morts parmi les militaires français d'Indochine, tandis que les autres sont prisonniers. Quant aux civils, ils sont regroupés, en résidence forcée, dans plusieurs grandes villes. Seul le général Sabattier, le commandant en chef du Tonkin, a réussi à s'échapper avec quelques officiers. Il a fait la jonction avec le général Alessandri et ses légionnaires, venus de Tong. Tous marchent en direction de la frontière chinoise, en livrant de rudes combats.

La dernière partie du voyage s'effectue avec la compagnie nationale chinoise, la CNAC, dont les pilotes sont d'une habileté incroyable. Ils survolent en *Dakota* la chaîne de l'Himalaya - *the Hump* - frôlant de hauts sommets, ou plongeant dans de profondes vallées. On atterrit d'abord à Kunming, la très active base militaire américaine, nichée au sein d'un somptueux paysage. Puis l'avion repart pour dix heures de vol et parvient enfin à Chungking.

En débarquant le 23 mars 1946 sur le sol chinois, qu'il avait quitté en juillet 1939, Maux est réellement ému. Il avait laissé une ville de trois cent mille habitants, et la population approche désormais des deux millions ! Lors de son dernier passage, la ville avait été entièrement détruite par les bombardements japonais, mais transformée en cité troglodyte par ses ingénieux habitants. Mais, en 1942, les Japonais avaient renoncé à poursuivre Chiang Kaï–shek jusqu'au Sichuan, à l'extrême ouest du pays et les « Tigres volants » du général américain Chennault avaient conquis la maîtrise du ciel. La capitale était donc en pleine reconstruction.

Maux est logé à la *Chialing House,* moderne bâtisse où sont hébergés les hôtes de marque. Sa première visite est pour l'ambassade, qui est toujours installée dans la *caserne Odent,* agrandie de quelques bâtiments étagés en haut de la falaise dominant le confluent du Yangtzé et de la Chialing. Maux y retrouve l'ambassadeur Pechkoff et son équipe de diplomates qui ne connaissent pas grand-chose à l'Asie. Deux exceptions : le conseiller culturel Vadime Elisseeff, qui parle le chinois ancien et qui deviendra un ami proche du nouveau venu. Et un spécialiste du renseignement, Beaucorps, qui passionne ses interlocuteurs par les récits de sa visite à Yenan, le fief communiste. En revanche personne ne connaît l'Indochine mieux que Maux. Il est convenu que l'ambassadeur l'accompagnera lors de sa visite officielle à T.V. Soong, l'influent ministre des Affaires étrangères.

L'entrevue avec Soong a lieu le 1°avril et Maux est reçu avec une exceptionnelle chaleur. Son ami a désormais un rôle important au gouvernement de son beau-frère et il est sur le point d'être nommé chef du Yuan exécutif, c'est-à-dire premier ministre. Les deux hommes se revoient lors d'un petit déjeuner de travail, où Soong est entouré de plusieurs ministres, dont celui des Affaires économiques, ainsi que de Chin Fen, dont dépendait la mission SDN avant-guerre. Grâce à ces soutiens, toutes les portes vont s'ouvrir devant le Français

Il est convenu qu'il fera le point avec Soong, lorsque ce dernier rentrera de San Francisco, où il est sur le point de partir pour aller signer la nouvelle Charte des Nations Unies. L'ONU doit remplacer la SDN, qui a disparu corps et biens lors du conflit mondial.

Maux retrouve avec un réel plaisir ses amis, les ingénieurs chinois. Il les reçoit à dîner chez lui ou à l'ambassade, où il jouit d'un bureau. Tous lui parlent avec une grande liberté de l'évolution du Guomintang, qu'ils jugent gangrené par les libéralités américaines. Il retrouve surtout son meilleur ami Hsiao, devenu directeur des Routes, qui lui fait connaître le ministre des Communications. Et il se plonge à plein temps dans les milieux d'affaires Il rencontre des responsables de banques, de raffineries, d'assurances…Tous lui assurent qu'ils souhaitent reprendre leurs relations avec la France ! Mais il faut bien être conscient que la concurrence sera rude car Anglais, Canadiens, Belges et Américains sont offensifs et présents dans tous les secteurs. Ainsi deux mille experts américains travaillent dans la capitale !

Le 8 mai 1945, la fin de la guerre est enfin proclamée en Europe. A l'ambassade, on sable le champagne. Un *Te Deum* est célébré dans la chapelle de l'évêché, la cathédrale étant en ruines. Mgr Jantzen fait un sermon où il compare la mort d'Hitler à la chute de Lucifer. Bien que les nouvelles arrivent toujours avec retard en Chine, on a appris avec émotion la mort de Roosevelt et l'élection de Truman.

Maux envoie ses rapports au ministère et conclut : « *Il faut à la France couler sa pensée dans le moule des conditions locales. S'adapter et remonter la pente, voilà la politique à suivre désormais. Le rôle de la France doit consister à prospecter sur place, dans les interstices de l'emprise américaine Elle pourrait se spécialiser dans des projets bien concrets et non grandioses comme ceux des USA* »

En attendant le retour de Soong, qui a été retenu à Moscou par Staline, Maux effectue quelques tournées dans les régions. La première le conduit à Chengtu, la capitale du Sichuan, où la France a dirigé une Mission médicale. Il y retrouve Alexandra David-Neel, dont il a lu tous les livres, et qui a trouvé refuge à l'hôpital français. Heureuse de rencontrer un de ses lecteurs, elle insiste pour lui confier ses malles. La région parait si prometteuse en questions hydrauliques, que Maux décide d'y installer le premier membre de la Mission, qu'il a recruté avant son départ ; Cazenave-Nebout, un béarnais comme lui...

La deuxième tournée se passe à Kunming, la grande base américaine, où sont installés les services secrets de différents pays, dont la Mission 5 française, dirigée par Sainteny. Maux tient aussi à rendre visite aux hommes de la colonne Alessandri, qui sont installés à l'hôpital, dans le plus grand dénuement. Il a été alerté sur leur sort par le banquier Courseulles, rencontré à Chungking, lors d'un week-end dans « les collines », où il partage un bungalow avec Elisseeff. Les légionnaires qui ont fini par gagner la frontière chinoise, ont été dépouillés de tout et personne ne semble se soucier de leur sort. Maux promet de leur procurer de l'argent local, grâce à ses bonnes relations avec les banquiers chinois, mobilisés par son ami Jérôme Wang. En échange, et à hauteur de cinq millions de francs, les Chinois pourront importer de France, de l'indigo et des produits pharmaceutiques.

La troisième tournée se passe dans la région des Trois Gorges du Yangtzé. Maux s'y rend avec l'ingénieur W.K. Wang, qui a fait ses études en France et qu'il souhaite recruter pour la future Mission, Ils sont invités par des ingénieurs hydrauliciens qui ont bâti plusieurs barrages dans des vallées adjacentes, avec une ingéniosité extraordinaire. Puis ils vont examiner le projet de l'Américain Savage qui a conçu un immense ouvrage d'art, barrant le fleuve impétueux. Les ingénieurs trouvent tous le projet démesuré, et les études géologiques insuffisantes. Ils souhaitent plutôt l'aide de la France pour des petits barrages secondaires. Mais ce projet grandiose va soulever l'enthousiasme de tous les jeunes ingénieurs sortant de l'université !

Le principe de la création d'une mission étant admis, deux réunions se tiennent début juillet au Quai d'Orsay. L'une autour de l'ambassadeur Chauvel, l'autre chez Hervé Alphand, le directeur des Affaires économiques. On y définit la politique économique de la France en Chine, devant un parterre d'hommes d'affaires. Mais ne se font-ils pas des illusions sur la Chine actuelle, qui s'est débrouillée seule pendant cinq ans et a oublié tous les traités ? Le budget demandé par Maux, est voté et le premier expert envoyé à Chungking.

Alors que l'ambassadeur Pechkoff vient de quitter son poste, T.V. Soong annonce son retour. Maux revoit longuement son ami chinois pour lui faire part de ses projets et les deux hommes s'accordent tout à fait, sauf en ce qui concerne l'Indochine. Soong assure que jamais le chemin de fer du Yunnan ne redeviendra français et qu'il lui faut des facilités pour utiliser le port de Haïphong.

Le 6 août 1945, Maux quitte Chungking pour rentrer en France, avec un mois de retard sur le programme initial. Or c'est ce jour même qu'éclate la première bombe d'Hiroshima, suivie par celle de Nagasaki. Comme le monde entier, Maux est incrédule, stupéfié, horrifié ! Mais c'est la reddition japonaise, la fin de la guerre en Asie.

Maux apprend la nouvelle, en transit à Calcutta. Il a l'occasion d'y rencontrer le général Leclerc, qui se rend auprès de Mac Arthur, pour recevoir la reddition japonaise. Le Quai d'Orsay a rappelé Pechkoff à Chungking et demande à Henri Maux d'y retourner lui aussi. En effet, étant le seul expert d'Indochine, sa présence paraît indispensable dans les circonstances actuelles. Car si la reddition japonaise change radicalement les choses en Chine, il en est de même avec l'Indochine. Les trois Grands ont décidé qu'en l'absence de troupes françaises opérationnelles sur ce territoire, la reddition des Japonais serait reçue, au sud du 16° parallèle par les Anglais et au nord par les Chinois. De plus la situation se complique du fait de la déclaration d'indépendance de Ho Chi-Minh à Hanoï, le 2 septembre 1945.

Une surprise attend les deux hommes à leur retour à Chungking. Le 28 août, pour sa fête nationale, l'ambassadeur américain Patrick Hurley présente à ses invités les deux dirigeants communistes, Mao Tsé-Tung et Zou En-Lai, en stricts costumes bleus. Il est allé les chercher à Yenan, dans son avion personnel et il se berce de l'illusion de les réconcilier avec Chiang Kaï-shek. De laborieuses négociations vont se dérouler jusqu'à la fête du Double Dix. On assistera à une poignée de main historique, mais le « Front Uni » ne verra jamais le jour.

Pendant les deux mois supplémentaires que Maux passe en Chine, il se met entièrement au service de l'ambassade, accompagnant les diplomates dans leurs démarches auprès des ministères où il a ses entrées. Mais tous leurs efforts auront de bien minces résultats, et n'empêcheront pas l'occupation chinoise au Tonkin de s'apparenter à un pillage en règle. En raison du retrait japonais, le gouvernement nationaliste peut récupérer l'intégralité du territoire chinois, en particulier les riches et industrieuses zones côtières. Maux réalise à quel point ses premiers projets pour la Mission, ne concernant qu'une petite partie de Chine libre, sont désormais en complet décalage avec la réalité. Mais, pour ne pas décevoir les contacts qu'il vient de nouer dans les provinces de l'ouest, il décide de passer dix jours avec son premier adjoint- Cazenave-Nebout - pour lui mettre le pied à l'étrier.

Il quitte la Chine, après un séjour de sept mois. Sur son trajet de retour, il fait un bref arrêt à Chandernagor, pour rencontrer l'amiral Thierry d'Argenlieu, que de Gaulle vient de nommer à la tête de l'Indochine. Pechkoff tient à ce que ce dernier sache tous les efforts de l'ambassade, pour limiter les exactions chinoises au Tonkin….

Maux arrive à Paris le 15 octobre. Il est précédé par une lettre de Pechkoff : « *Tant dans le domaine des relations économiques franco-chinoises, qu'à l'occasion des problèmes de réinstallation de notre administration en Indochine, M. Maux a fait preuve d'une activité et d'une compétence dont je tiens à souligner les heureux résultats* »

Création de la Mission : 1946-1947

La Mission économique voit le jour lors de la réunion du 7 novembre 1945, dans le bureau d'Hervé Alphand, en présence des représentants des ministères concernés. Consulté, Maux juge que la Mission doit être rattachée à l'Ambassade de France, pour mettre en jeu le poids d'un organisme officiel. Et il insiste sur le fait qu'il faut inventer une formule neuve et souple, s'inspirant des méthodes anglo-saxonnes. La situation est favorable, car les Chinois veulent se libérer de la lourde tutelle des

Américains et ont d'immenses besoins dans des domaines où les produits français sont appréciés. Il faut envoyer des experts auprès des autorités provinciales, pour mieux évaluer les besoins sur place. Ne vient-il pas lui-même de le faire, dans les provinces du Sichuan et du Yunnan, où il a installé un premier ingénieur ? Les rapports seront envoyés au Quai d'Orsay,

Fig. 11: Maison de la Mission à Shangaï

qui les transmettra aux industriels et aux banquiers d'affaires intéressés, regroupés en un « *Syndicat d'études* ». Le gouvernement sera là pour veiller aux intérêts de l'Indochine et aux nécessités de la reconstruction française.

La discussion est vive, car certaines administrations trouvent prématuré, pour une France en pleine reconstruction, de se lancer dans un programme à l'étranger. Mais Maux assure que le principal est d'être présent, de prouver que la France est redevenue une grande puissance et de débuter les discussions. Si la construction d'usines ou de chemins de fer demandera du temps, en revanche les échanges commerciaux seront immédiatement rentables. La Chine offre soie, thé, wolfram et soja…contre des biens d'équipement. La discussion se termine par l'accord des ministères et la nomination de Maux, comme chef de Mission.

L'année 1946 commence donc bien, puisque la Mission a vu le jour et qu'Henri Maux peut installer enfin sa famille avec lui à Paris. C'est la première fois, depuis ses neuf années de mariage, qu'il peut jouir d'un vrai foyer, avec sa femme et de ses quatre filles ! Il prend le temps de s'occuper des six ingénieurs chinois, qu'il a fait inviter afin de les former aux problèmes de reconstruction. Et il organise l'envoi de l'indigo et des produits pharmaceutiques, qui sont dus aux banquiers chinois. Voici donc la première transaction de la Mission.

Hélas les discussions entre administrations retardent de cinq mois, la création de la Mission ! La rémunération du chef de Mission ainsi que le statut de ses adjoints, soulève les protestations du Trésor ! Maux intervient, relance et finit par écrire :« *S'il apparait aussi difficile de faire aboutir les affaires, alors que je suis présent à Paris et y consacre une action opiniâtre, que sera-ce lorsque je serai en Chine, réduit aux télégrammes ? Depuis 1944, nous faisons miroiter aux yeux des Chinois la reprise d'une collaboration franco-chinoise. Ce mirage ne suffira pas à concurrencer l'appui massif des Américains et des Anglais. »*

Le 13 mai 1946 parait enfin le décret de création de la Mission économique française d'Extrême-Orient (MEFEO), suivi par l'arrêté de la nomination du chef de Mission. Est créé le « Syndicat d'Etudes » (SEPEO) qui est chargé d'examiner les projets proposés par la Mission. Celle-ci n'étant qu'un « *réseau de prospection et de contacts »,* *d*oit s'effacer devant l'action des groupes privés. Le salaire du chef de Mission sera à la charge de l'Indochine, seuls ses voyages et ses dépenses en Chine seront financés par la Mission. Ses collaborateurs français seront au nombre de cinq et leurs salaires alignés sur ceux des ambassades. Ils signeront des contrats de dix-huit mois, renouvelables, Des agents auxiliaires seront choisis sur place et pourront venir se former en France. Le chef de Mission fixera leurs villes de résidence, lui-même se partageant entre Shanghai et Nankin. La Mission disposera d'un budget de neuf millions de francs et enfin, il est précisé qu'elle n'aura qu'une existence temporaire.

Pendant l'hiver, affluent les candidatures de jeunes diplômés. Maux en sélectionne quatre, le cinquième – Cazenave-Nebout - étant déjà sur place au Sichuan. Il choisit deux ingénieurs des Arts et Métiers, Latapy et Lenouvel et, sur place, il accepte la candidature de Brediam, qui réside à Shanghai et connait bien la ville. Il sera assisté par le juriste Grosclaude. Trois ingénieurs chinois complètent l'équipe : Yuen à Chengtu, Tsao à Chungking et W.K. Liang à Shanghai.

Le 13 juin 1946, Maux reçoit son ordre de Mission et s'envole trois jours plus tard pour la Chine, en compagnie de Latapy, qui doit s'arrêter en Inde et de Lenouvel, qui va se former auprès de Cazenave-Nebout, parfaitement intégré dans les provinces de l'ouest. Pour cette mission, Maux pense partir pour quelques semaines…

Son premier arrêt est Saigon car l'Indochine, libérée de toute occupation étrangère, est au cœur du dispositif de la Mission. Ho Chi-Minh est parti en France pour préparer les accords de Fontainebleau. Maux rencontre l'amiral Thierry d'Argenlieu, qui délègue l'un de ses fonctionnaires pour représenter la Mission. Il s'agit de Jean Bruley, un polytechnicien, qui deviendra un intime de Maux. Ce dernier vient jeter les bases d'un Traité de Commerce avec l'Indochine et il reviendra trois mois plus tard pour signer l'accord.

Le 2 juillet, Maux s'arrête à Hong-Kong, dont il admire les libérales techniques commerciales et y annonce l'installation de son adjoint Lenouvel. Puis il gagne Shanghai, qui s'est vite guérie de la violente occupation japonaise et où un luxe ostentatoire, voisine avec une grande misère. Il est reçu, en famille, dans la résidence privée de T.V. Soong et ce dernier lui redit comme la Chine a besoin du riz indochinois ! Le 7 juillet il prend le train de nuit pour Nankin, et constate que la capitale se remet difficilement du terrible massacre de 1937. L'ambassadeur Jacques Meyrier – qui remplace Pechkoff, nommé au Japon - est installé dans les locaux du consulat et ses adjoints, disséminés à travers la ville, sont ramassés chaque matin par la jeep de l'ambassade. Le nouveau venu est très bien reçu par Meyrier, qui s'intéresse à l'économie et se dit un admirateur de Chiang Kaï-shek, Maux rencontre aussi l'attaché militaire, le colonel Guillermaz, admirablement renseigné sur la situation chinoise. Or il se montre d'un grand pessimisme pour l'avenir ! Il compare le dynamisme de l'armée communiste - qui est en passe de reconquérir la Mandchourie - à la mauvaise organisation de l'armée nationaliste qui, bien qu'infiniment plus nombreuse, ne tient qu'avec l'aide des Américains. Accompagné du fidèle Chin Fen, Maux reprend contact avec les ministres rencontrés à Chungking .

Ayant terminé ses visites officielles, Maux entreprend son installation à Shanghai. L'ambassadeur a affecté à la Mission une maison, située dans un quartier chinois, à

164

condition qu'une chambre lui soit réservée, lorsqu'il séjournera dans la ville. Le couple Brediam s'y installe et déploie ses magnifiques collections de tapis et d'antiquités. Maux, qui ne sera jamais que de passage, se contente d'une chambre mansardée. Les bureaux, quant à eux, sont situés sur le Bund, dans l'immeuble des Messageries Maritimes. Sont recrutés un interprète et un secrétaire : Joseph Ma et son neveu. Pour circuler dans cette ville embouteillée, la Mission achète une Berline V8, engloutissant un mois de crédits et, par chance, se voit offrir une Citroën 1924 pour Nankin

Pour aider la Mission, l'ambassadeur envoie une circulaire à tous les consuls, afin qu'ils signalent les possibilités de marchés pour la France. Et il conseille au chef de mission de se présenter à la Chambre de Commerce française. Les membres représentent les compagnies ayant pignon sur rue, mais ils semblent avoir gardé toutes leurs illusions ! En août 1946, Maux préfère leur parler franchement :

« Il sera peut-être difficile aux anciens, de travailler avec la Chine nouvelle. Après ces années de guerre, l'état d'esprit, les conditions politiques ont changé. Ceux qui ne cherchent qu'à profiter des privilèges dont ils jouissaient autrefois, s'exposent à de graves déconvenues. Mais c'est une campagne qu'il faut gagner ! »

Hélas le premier but de la Mission sera difficile à atteindre. Il s'agit d'obtenir de la *Central Bank of China,* un Traité de Commerce.

Or lorsque les interminables démarches de Maux parviennent enfin à un accord, celui-ci est refusé par le Trésor français : pas de transaction en dollars, mais plutôt en francs. Il va falloir la protection de T.V. Soong et l'expertise de deux inspecteurs des Finances - Bloch Lainé puis Pierre Ledoux - pour obtenir un accord provisoire. Le Traité ne sera signé que le 22 juillet 1948 ! Déception encore à la suite de l'arrivée d'un personnage de haut rang – Le Besnerais - destiné à remplacer le chef de Mission pendant ses congés. Maux organise un banquet en son honneur, à Shanghai. Mais la veille de sa présentation aux officiels de Nankin, un télégramme rappelle sans délai le nouveau venu en France, pour témoigner au procès du directeur de la SNCF, dont il a été l'adjoint pendant la guerre.

Maux se consacre aux trois dossiers prioritaires de la Mission.

En octobre 1946, il reçoit le directeur d'Air France, Henri Tresh qui vient négocier la prolongation de la ligne d'Indochine jusqu'en Chine. L'avion d'Air France sera le premier à se poser à Shanghai le 17 janvier 1947. Quelle impression de proximité pour les Français qui, désormais, ont une liaison avec la métropole deux fois par mois !

Le deuxième dossier concerne les chemins de fer et un directeur de la SNCF, Feyeux, est missionné pendant dix-huit mois. Très apprécié des Chinois, il remplira à merveille son rôle : exploitation de la voie ferrée Shanghai-Nankin, construction d'ateliers à Tientsin et nouvelle liaison Chengtu-Chunking. Mais il ne prolongera pas son séjour.

Le troisième dossier concerne la modification du statut du chemin de fer du Yunnan. Arrivent de Hanoï, le directeur de la compagnie, ainsi que l'inspecteur général Gassier, qui est aussi chargé de l'organisation d'une zone franche à Haïphong. Mais dans le port, les hangars ont été anéantis lors du débarquement mouvementé de Leclerc, début mars. Les discussions avancent vite, mais sont interrompues le 19 décembre 1946, lors de la brutale insurrection vietminh au Tonkin.

La Mission remplit bien d'autres fonctions. Dans le domaine commercial, en ce qui concerne l'Indochine, elle achète de grosses quantités de riz, par l'intermédiaire de sociétés françaises de Shanghai, réunies en *pool*. Le premier envoi sera de trente mille tonnes, puis d'un second de quatorze mille tonnes. Suivent des achats de charbon de Hongay et d'anthracite de Dong Trieu. Pour la France, à des prix très intéressants, la Mission achète trente mille tonnes de soja en Mandchourie, qui vont conditionner toutes les rations de matières grasses en métropole. Les Soyeux lyonnais sont friands de la soie jaune de Canton et les Parfumeurs recherchent le musc des civettes.

Pour le Maroc, la Mission achète en Chine du thé vert d'une préparation spéciale, envoyé par bateaux entiers à Casablanca. S'organise aussi l'exportation de l'antimoine de Kunming, qui sert à la fabrication du bronze. Enfin, la Mission recherche des débouchés pour les produits typiquement français, tels que cognac, bière, pneus Michelin, colorants, produits chimiques et même triporteurs…

La Mission joue encore le rôle de conseiller juridique pour les sociétés françaises, afin de mettre à jour leurs régimes fiscaux, modifiés par la rétrocession des concessions. Elle intervient encore pour récupérer quelques usines, réquisitionnées par les Japonais, comme l'usine d'Air Liquide de Canton. Elle soutient les revendications des Français, porteurs d'emprunts chinois et souffrant d'impayés. Dans le domaine industriel, une soixantaine d'affaires sont proposées au SEPEO mais seules celles qui sont mises en route par Cazenave-Nebout – qui a un an d'avance sur ses collègues – verront le jour. En six mois, la formule dynamique et moderne de la Mission, ne cesse d'affirmer sa réussite. La France a retrouvé un volume d'affaires supérieur à celui d'avant–guerre, volume qui a toujours été bien modeste, par rapport aux affaires américaines ou anglaises.

Pendant ses séjours à Nankin, Maux a le temps d'envisager l'extension de la Mission à des pays limitrophes. Le général Pechkoff voudrait le recevoir au Japon, mais ce pays restera une chasse gardée américaine. Les Finances françaises lui demandent d'installer un adjoint en Inde, ce qui ravirait Latapy. Mais celui-ci est en poste à Formose, le seul endroit de Chine où les Japonais ont respecté l'outil industriel. L'Indochine voudrait le voir créer une antenne à Batavia et Singapour. Et l'ambassadeur Meyrier écrit à son sujet à Paris :

« M. Maux rend à notre activité économique en Chine des services inappréciables. Par son intelligence, sa haute droiture, sa compréhension des problèmes d'Extrême-Orient, il s'est acquis auprès du gouvernement chinois une situation de tout premier plan »

Mais en Chine, hélas, le président du Yuan exécutif est aux prises avec une si grave crise économique, que l'on redoute des émeutes de la faim. Il demande à Maux de retourner à Saigon pour relancer les achats de riz, qui se sont arrêtés. Maux arrive le 25 février 1947, et trouve un pays en pleine insurrection. Les accords franco-vietnamiens ont volé en éclats et l'amiral d'Argenlieu a été destitué. De haute lutte, il parvient à obtenir l'envoi de trente-trois mille tonnes de riz. Mais lorsqu'il rentre à Shanghai, le 15 mars, la situation a bien changé. Accusant T.V.Soong d'être responsable de la pénurie, Chiang Kaï-chek l'a limogé. Et, soutenu par les Américains, les armées nationalistes ont envahi Yenan, le fief des Communistes, mais ils ne se sont emparés que d'une coquille vide !

Soong étant démis de ses fonctions, Maux est **c**onscient d'avoir perdu son plus grand soutien ! Mais il doit regagner la France pour discuter du budget de la Mission pour l'année suivante. Il confie son intérim au tandem Brediam - Mornand, le nouvel attaché commercial qui, après des débuts difficiles, a fini par s'intégrer à l'équipe. Un cocktail d'adieu est donné en l'honneur du chef de Mission, avec tous ses collègues et amis, puis il s'envole sur Air France le 3 avril 1947.

Création de l'ECAFE

Sur son trajet de retour, Maux s'arrête à Hong-Kong, pour visiter la maison que son adjoint Lenouvel a trouvée pour loger sa famille. Elle appartient aux Charbonnages du Tonkin et occupe une situation admirable tout en haut du Peak Victoria. Hélène, en effet, insiste pour accompagner son mari lors de son prochain voyage. Elle ne supporte plus ses longues absences : ainsi son dernier voyage, au lieu de durer trois semaines, les a séparés pendant dix mois ! Puis Maux fait une halte de trois jours à Saigon pour rencontrer le nouveau Gouverneur général Bollaert, qui ne voudra rien changer aux accords précédents.

A son arrivée à Paris, le 20 avril 1947, le chef de Mission est reçu avec chaleur au ministère des Affaires étrangères. La mission est considérée comme un grand succès. En effet,

170

elle a rapporté vingt millions de francs grâce au riz, quarante-huit pour le soja et quatre vint pour le thé. Mais certains expriment leur inquiétude quant à la situation politique en Chine ! La première partie du budget concerne le fonctionnement des bureaux dans les différentes villes d'Asie. La situation semble partout satisfaisante, sauf à Hong Kong, ville située au centre du dispositif de la Mission et nœud commercial de l'Asie. La ville mériterait une implantation plus importante. La seconde partie du budget concerne le personnel, car plusieurs agents approchent de la fin de leur contrat. Il est décidé d'envoyer à Shanghai Michel Dupont, un agent de l'Economie Nationale qui s'est porté volontaire. On accepte aussi de procurer une jeep à Cazenave-Nebout, qui sillonne sans cesse des régions très montagneuses. Tout le monde se loue de l'action de Mme Gallas, la secrétaire, qui remplit à Paris un rôle clé dans la bonne marche du service. Sont appréciés aussi le recrutement du personnel auxiliaire, ainsi que l'aide apportée à l'université de l'Aurore, magnifique institution de Shanghaï, gérée par les Jésuites.

Les discussions avec le ministère des Finances vont durer trois mois, et finalement le budget se montera à vingt-quatre millions de francs, ce qui est considéré comme une victoire pour Maux, qui avait dû se contenter de neuf millions l'année précédente.

Au début du mois de juillet, Maux doit interrompre ses vacances en Bretagne car il reçoit l'ordre de partir quinze jours à New York, au siège de l'ONU. Le délégué permanent de la France au Conseil Economique et Social - Mendès France – veut recevoir l'aide d'un expert en questions asiatiques. Car l'ONU se préoccupe de l'état de délabrement des pays d'Asie, ravagés par la guerre et a décidé de créer une filiale asiatique. Cet organisme sera chargé de choisir les pays bénéficiaires et de les mettre en rapport avec les pays donateurs. Un Comité plénier est convoqué fin juillet à Lake Success. A la suite d'une semaine de débats, est créé l'ECAFE (*Economic Commission for Asia and Far East*) et son secrétariat permanent est confié à un économiste indien, Lokanathan. En tant que chef de Mission en Chine, Maux doit prendre la tête de la délégation française. Or il ne sait pas encore qu'il va mettre le doigt dans un engrenage qui va l'accabler de travail et l'obliger à voyager sans cesse. Car il devra se rendre aux sessions de l'ECAFE, ainsi qu'à nombre de conférences : novembre 1947, 2° session de Baguio aux Philippines ; mars 1948 conférence de la FAO et des Statistiques à Singapour ; Juin 1948, 3° session d'Ootacamund en Inde et, en novembre, 4° session de Lapstone en Australie. Mars 1949, 5° session à Bangkok au Siam…Pour ces conférences, qui vont prendre un tour très politique, Maux est secondé par un remarquable statisticien, Félix Rosenfeld, venu d'Indochine.

Lorsque Maux regagne la Chine, fin octobre 1947, il est accompagné de sa famille, qui s'installe à Saigon puis à Shanghai, en attendant que soit prête la maison de Hong Kong, décapitée par un typhon. Pour reprendre contact avec ses adjoints, Maux sillonne la Chine et constate qu'ils sont tous bien adaptés et font preuve de beaucoup d'initiative. Il termine par Canton pour aller voir T.V. Soong, devenu gouverneur du Kwantung, qui souhaite reprendre les importations de riz d'Indochine.

En janvier 1948, la famille au complet est à Shanghai, installée dans la maison de la Mission. Maux décide d'inviter tous ses collaborateurs et leurs familles à fêter la nouvelle année au Cercle Français, pour les remercier de leur fidélité. Hélas, beaucoup d'entre eux sont proches du départ et leur succession est loin d'être évidente. Le remplacement de Lenouvel, qui part en vacances six mois, pose surtout un problème en raison de l'importance du poste de Hong Kong. Maux évoque cette question devant le Haut-Commissaire Bollaert, qui décide de lui envoyer l'un de ses fonctionnaires, Stroh, qui fera quelques mois l'intérim. Dupont arrive à Shanghai en février 1948 et se verra secondé par Mlle de Laberbis, venue de l'ambassade de Nankin.

Parmi les adjoints chinois, Liang est très actif. Il est chargé d'un voyage d'études à Nankin, pour étudier le chantier des laboratoires d'hydraulique de l'université. Il est accompagné de l'hydrologue Woo, dont Maux avait admiré les réalisations au Sichuan Les deux hommes rentrent catastrophés de leur tournée, car ils ont constaté la dégradation de la situation dans la capitale. Elle est d'abord la conséquence des succès militaires des quatre armées communistes, qui ont repris partout l'offensive. Et après la chute du nœud ferroviaire de Hsüchow, rien ne pourra plus arrêter leur progression vers le sud. De plus, la situation financière est si désastreuse que des voix s'élèvent pour conseiller à Chiang Kaï-shek *« d'aller prendre du repos aux USA, après ses grands succès »*. En fait, il y enverra son épouse, très populaire dans ce pays où elle a été élevée. Mais elle n'obtiendra rien de plus, tant les rapports des experts américains sont pessimistes.

La famille Maux s'installe à Hong-Kong en février 1948 et le chef de Mission sera peu à peu amené à regrouper ses activités dans la colonie anglaise, en raison de la dégradation de la situation sur le continent. Son ami Jobez, le consul général, lui prête des bureaux au sein du Consulat et Maux y installe sa secrétaire, Jeanne Saint-Mleux. L'équipe de la Mission est toujours fidèle, mais trop peu nombreuse pour le travail à effectuer Car elle est bien souvent mise à contribution pour la préparation des conférences de l'ECAFE, auxquelles Maux se rend périodiquement. De plus, en août 1948,

parvient la nouvelle de la grave maladie de
Brediam, qui est la clef de voûte de la Mission.
Ce précieux adjoint sera rapatrié et rentrera en
France pour mourir. Jusqu'à la fin de l'année, le
chef de Mission sera obligé de se rendre très
souvent à Shanghaï, car Liang et Dupond sont

Fig. 12: La délégation française à Lapstone

trop novices pour tenir le poste. Maux sera
pourtant présent à Hong-Kong, fin septembre,
pour assister à la naissance de sa cinquième fille

En novembre 1948 a lieu la 4° session de
l'ECAFE à Lapstone, en Australie. Partant de
Saigon, l'avion d'Air France inaugure une
nouvelle ligne jusqu'à Sydney. En Indochine, le
nouveau Haut-Commissaire, l'administrateur des
colonies Léon Pignon, est partisan du retour de.
l'empereur Bao Daï, qui a été destitué en raison
de son attitude pendant la guerre. Depuis six
mois, installé à Hong-Kong, l'empereur refuse

de se décider et fait monter les enchères auprès du gouvernement français. Ses hésitations vont compliquer le travail de la délégation française à l'ECAFE, qui n'a pas de candidat crédible alors que, de son côté, Ho Chi Minh n'a pas tardé à se porter candidat au Comité Plénier. Or les participants de l'ECAFE sont, pour la plupart, résolument hostiles au colonialisme. Maux a donc une partie difficile à jouer car, attaqué sur l'Indochine, il devra déployer tous ses talents de diplomate pour éviter une condamnation de la France. Mais il peut encore s'abriter derrière les problèmes aigus rencontrés par la Hollande, en pleine crise de décolonisation en Indonésie. Pour finir, la Hollande quittera la conférence avec pertes et fracas !

Lorsque Maux rentre en Chine, le 5 janvier 1949, il constate que les affaires de la Mission se portent bien, grâce à Dupont qui a réussi à expédier cinq cent tonnes de thé au Maroc. Outre le thé, les seuls courants commerciaux qui persistent sont l'expédition du riz, de la soie et du soja. Mais tous les projets industriels sont au point mort.

Déclin de la Mission : 1949

Le 21 janvier 1949, Chiang Kaï-shek décide de renoncer à la magistrature suprême et de confier sa succession au maréchal Li Tung-jen, héros de la guerre sino-japonaise Mais il va rester dans les coulisses, gardant la haute main sur l'armée et le parti, avant de gagner six mois plus tard, le refuge qu'il s'est préparé à Formose. Curieusement, sa démission n'a pas l'air de bouleverser le peuple qui, frappé de misère et d'une immense lassitude, ne cherche plus qu'à survivre. Pourtant le Généralissime a unifié le pays pendant un quart de siècle et a su l'introduire dans le concert des grandes nations. Mais le régime, nationaliste, vermoulu de l'intérieur, s'effondre comme un château de cartes ! « *Il n'a plus la volonté d'opérer le redressement moral et spirituel qui lui serait indispensable* » constate le général américain Wedermeyer.

Une dernière fois, Maux se rend à Nankin, car il veut revoir l'ambassadeur, qui l'a toujours soutenu et lui faire part des menaces qui pèsent sur la Mission et « *ses enfants perdus de Chine* ». En effet, une lettre du ministère, le convoquant à Paris pour la fin février, évoque la dissolution de la Mission. Maux a l'occasion d'assister à l'intronisation du nouveau chef de l'Etat qui va tenter, dans un premier temps, de négocier avec les Communistes et obtient une trêve de trois mois. Tous les diplomates ont reçu l'ordre de rester sur place à l'exception de l'ambassadeur de Russie et de l'attaché français Jacques Roux, - un ami de Maux qui le reçoit chez lui à chacun de ses passages – qui doit gagner Canton avec les archives de l'ambassade. Au milieu d'une indescriptible pagaïe, le chef de Mission parvient à rentrer en train à Shanghaï, d'où il s'envole pour Hong-Kong, puis pour Paris, le 24 février 1949.

Son séjour en France va durer près de deux mois et constituer un ultime combat pour la survie de la Mission. Il est d'abord reçu avec chaleur par les diplomates du Quai d'Orsay, qui sont curieux de connaître son opinion sur l'état de la Chine. Or son avis diffère de celui des diplomates de Nankin, persuadés que les Communistes se contenteront de leurs conquêtes actuelles. Bien conscient que sa Mission n'a plus guère d'avenir, Maux va cependant plaider son utilité, présente, parce qu'elle a gardé un réseau vivant de contacts, grâce à l'effort de tous ses adjoints. Certes les ministères l'ont assuré de leur confiance, mais il faut avouer qu'ils n'ont pas respecté leur contrat : pas de renouvellement de personnel, des salaires insuffisants et des difficultés financières incessantes. Beaucoup de diplomates se disent sensibles à ses arguments. Mais l'important pour Maux est de garder en poste ses adjoints, en particulier Cazenave-Nebout, qui a effectué un travail si considérable, qu'il refuse de « *l'immoler sur l'autel des restrictions budgétaires* » ! Il déplore aussi que les décisions soient prises à Paris, en l'absence de tout membre de la Mission et il conclut :

« *Si les Communistes s'installent dans l'ensemble du pays, comme je le pense, il est évident que toute coopération culturelle disparaîtra. Mais le nouveau*

178

régime sera bien forcé de maintenir un courant d'échanges économiques avec l'étranger, et cela ne pourra en aucun cas être avec les USA. Est-ce le moment de faire disparaître l'un de ses interlocuteurs ? Les Anglais ont repris leur commerce via la Corée et Hong-Kong, sans état d'âme. Bien entendu, je m'effacerai ! »

Si Maux compte des alliés au sein du ministère des Affaires étrangères, il n'en est pas de même avec les Finances. Celles-ci ont l'intention de faire disparaître la Mission pour reprendre la solution classique des attachés commerciaux, dépendants de ses services. Les discussions sont si vives, qu'elles manquent de remonter au Conseil des Ministres. Finalement il est décidé que Maux gardera son titre de délégué permanent à l'ECAFE, avec droit de regard sur les attachés commerciaux de Shanghaï, Hong-Kong, Singapour, Manille…Et la fin de la Mission est programmée pour juin 1949

Henri Maux retrouve Hong-Kong et sa famille le 7 avril 1949 et il reprend sa noria de déplacements entre Saigon, Canton et même Bangkok. Mais ses absences sont de courte durée puisqu'il ne peut plus se rendre à Nankin ni à Shanghaï, de peur d'être pris au piège de l'avancée communiste. Ses séjours à Saigon sont particulièrement importants, car les Accords de l'Elysée viennent d'être signés, le 8 mars, changeant radicalement la situation politique. La France accepte l'indépendance de l'Indochine, avec des barrières juridiques. L'avancée la plus remarquable est la « *Réunion des Trois Ky* » (le trois royaumes), condition que l'Empereur Bao Daï, installé à Hong-Kong, jugeait indispensable pour rentrer dans son pays. Il prend le titre de Chef de l'Etat vietnamien, et charge son premier ministre de créer un gouvernement et une armée nationale. Un grand espoir naît dans le pays et, pour Maux, c'est une excellente nouvelle. Il va pouvoir présenter officiellement la candidature du Vietnam comme « membre associé » de l'ECAFE, face à celle du Vietminh.

De plus trois affaires importantes lui sont confiées. D'abord le gouverneur de Haïnan, qui se dit pro-français, voudrait acheter du ciment et du riz, acceptant de les payer en dollars Il faudrait que Maux s'emploie à simplifier les procédures, pour qu'il obtienne satisfaction. Mais la France lui refusera toute vente d'armes. Ensuite le maréchal Li Tung-jen, le nouveau chef d'Etat, est revenu dans sa province natale du Kwangsi et veut vendre pour son propre compte les stocks de tungstène, cachés lors de la guerre sino-japonaise. Ce métal rare sert à fabriquer les filaments des ampoules et, mélangé à l'acier, renforce le blindage des chars. Cet achat constituerait une affaire intéressante pour la France, mais le syndicat du tungstène tarde à réagir. La troisième affaire concerne un litige entre les compagnies aériennes chinoises et privées indochinoises, qui ne pouvant plus atterrir à Shanghaï ou Nankin, se disputent la desserte des provinces de l'ouest de la Chine. Maux jouera le rôle d'arbitre.

Au printemps 1949, le chef de Mission oscille entre la colonie anglaise et Canton, pour envoyer des piles de télégrammes. Car le système des transmissions de Jacques Roux est plus performant que celui du consulat de Hong-Kong. Il revoit T.V. Soong qui, souffrant de problèmes de santé, souhaite aller se soigner dans une ville d'eaux française. Il voudrait que son ami demande pour lui une protection policière, tant il craint d'être victime d'un attentat. Il a l'intention ensuite de rentrer en Chine, « *pour lutter contre le communisme tant qu'il sera en vie* ». Il confie son intérim au maréchal Li Tung-jen, qui vient d'interrompre toute discussion avec les Communistes.

On apprend la chute de Nankin, le 21 avril, suivie de celle de Shanghaï, le 23 mai. Les deux villes sont tombées sans la moindre résistance. La capitale des affaires, toujours si vivante, va désormais devenir une ville morte, d'autant plus que le blocus des Nationalistes interrompt toute activité portuaire. ...

La famille du chef de Mission embarque sur le *Champollion*, le 28 juillet, pour un voyage de trente et un jours, qui la ramènera en France. Maux les accompagne jusqu'à Singapour et s'arrête dans cette ville pour l'ECAFE. Il retrouve ainsi Austin, le personnage le plus influent du ministère des Finances français. Ce dernier lui apprend que l'organisation prévue lors de son dernier passage à Paris, a finalement parue irréalisable, et qu'il a été décidé que la Mission serait prolongée jusqu'au 31 décembre 1949. Austin se charge de débloquer les fonds nécessaires. Maux, très soulagé, regagne Hong-Kong, où il accueille un nouveau membre de la Mission, qui remplace Lenouvel, parti en juin. Bazin est un fonctionnaire de l'Indochine, qui s'installe avec sa famille, dans la maison du Peak, tandis que Maux prend une chambre d'hôtel. La maison servira ensuite de refuge à tous les diplomates français, obligés de quitter la Chine. Maux sera présent pour recevoir l'ambassadeur Meyrier et son épouse, très affectés de devoir quitter ce pays qu'ils aiment tant.

La priorité désormais pour le chef de Mission, est d'essayer de nouer le contact avec les nouveaux dirigeants chinois. Il en a l'occasion grâce Fei Yi-min, le directeur d'un grand journal, *le Dadong Bao* qui a été élevé à l'Université de l'Aurore et parle bien français. Ce journaliste possède le journal à plus gros tirage de Shanghaï – pro nationaliste - et de Hong-Kong, plus à gauche. Il souhaite aller sur le continent pour organiser l'avenir de ses journaux. Il demande à Maux de lui confier la liste des produits français susceptibles d'intéresser le nouveau régime et lui promet de soutenir son dossier. A son retour, début septembre, il lui explique que ses journaux ont changé d'orientation et sont devenus pro-communistes. Il s'est aussi rendu à Tientsin, où la banque de l'Indochine opère toujours, et surtout à Pékin, la nouvelle capitale. Il y a rencontré Zou En-laï, le ministre des Affaires étrangères, qui lui a affirmé être intéressé par les propositions françaises.

Malheureusement pour le soja, qui est l'une des principales ressources chinoises qui intéresse la France, le Syndicat des Huiliers a déjà trouvé une nouvelle source d'approvisionnement en Amérique du Sud. Seuls les achats de thé vert, destinés au Maroc, seraient utiles à la métropole. De plus, Bazin, à Hong Kong, se plaint que les industriels français n'envoient pas assez de documents concernant la métallurgie et l'hydraulique, sujets pour lesquels il est quotidiennement sollicité par des acheteurs venus du continent. Maux plaide encore :

« *Nous avons en Chine une longue tradition, des institutions culturelles puissantes, des maisons de commerce fortement implantées… Il serait fâcheux de jeter prématurément l'éponge et de ne pas être de ceux qui essaieront de tenir le dernier quart d'heure* »

Mais, à la fin de l'année 1949, la France signe un accord secret avec les USA et les pays européens, pour interdire tout échange avec le régime chinois. Ce sera le COCOM (*Coordinating Committee*), qui gèlera tous les achats en Chine pour plusieurs années.

Le 14 octobre, Maux quitte Hong-Kong pour Singapour, où a lieu la 5° session de l'ECAFE, dont il préside la délégation française, avec rang de *ministre plénipotentiaire*. Il s'attend à une très rude bataille ! D'ailleurs personne, à commencer par le Gouverneur général de l'Indochine, ne croit qu'une victoire du parti de Bao Daï soit possible, face au Vietminh. Or, contre toute attente, Maux parvient –grâce à sa grande connaissance des hommes en présence et des sujets à traiter - à faire admettre cette candidature comme « *membre permanent* » de l'ECAFE et seul représentant du Vietnam. Ce succès inattendu est commenté dans les journaux du monde entier et le chef de la délégation française reçoit un télégramme de félicitations du ministre des Affaires Etrangères, Robert Schuman. A son retour à Saigon, il donne une conférence de presse et assiste à un banquet organisé en son honneur. Il se rend aussi à Dalat, à l'invitation de l'empereur Bao Daï, qui veut lui exprimer sa reconnaissance, Puis il part pour Phnom Penh, pour rencontrer le jeune roi Sihanouk, dont il a connu l'oncle Monivong, qui souhaite le remercier d'avoir soutenu la délégation cambodgienne. Grâce à ce succès, l'ambiance glaciale des discussions de Dalat – pour finaliser les Accords du 8 mars - va se détendre.

Mais à Saigon, l'inquiétude grandit ! Car l'armée communiste s'approche de la frontière du Tonkin à marche forcée, poussant devant elle des milliers de soldats nationalistes. Va-t-elle déferler en Indochine ? En fait, elle s'arrêtera à la frontière, la France ayant pris le parti de désarmer les restes de l'armée en déroute, et de les regrouper dans des camps. Chiang Kaï-shek lui-même prend la route de l'exil le 10 décembre, pour s'installer à Formose, qui deviendra Taiwan.

Fig. 13: Chef de la délégation de l'ECAFE à Singapour

Maux va rester encore quelques jours dans la colonie anglaise, cohabitant dans son ancienne maison avec Jacques Roux, qui a dû quitter Canton à l'arrivée de l'armée de Libération nationale. Puis il s'envole à la mi-décembre, sachant qu'il ne reviendra jamais en Chine, ce pays auquel il a voué sa vie.

Fin de la Mission

Lorsqu'Henri Maux arrive en France le 19 décembre 1949, pour des vacances de six mois, il se sent affreusement triste. Le monde chinois qu'il a connu vient de s'écrouler et tous les efforts obstinés, déployés depuis quatre ans pour la Mission, sont réduits à néant. Mais la vue de sa femme à l'aéroport et la fête de bienvenue organisée par ses petites filles, lui font vite oublier ses idées noires. De plus, il arrive dans un appartement installé par Hélène avec un goût très sûr, qui marie le mobilier directoire déniché à Figeac, avec les beaux objets chinois qu'il a achetés lors de ses voyages. Hélène, a débarqué seule à Marseille avec ses cinq filles et l'*amah* chinoise, et a réussi à surmonter tous les obstacles administratifs de son installation, les difficultés parisiennes de ravitaillement et de chauffage et la rentrée scolaire de ses aînées. Seuls l'abonnement téléphonique et l'achat d'une voiture sont restés hors de sa portée et son mari devra y remédier.

Maux apprend que le SEPEO – le *Syndicat d'Etudes* qui regroupe les industriels et les banquiers intéressés par l'Asie - tient son Assemblée générale le lendemain même et il décide de s'y rendre. Il est accueilli à bras ouverts par le président François et les hommes d'affaires présents, qui lui disent comme son travail en Chine a été apprécié. Il est assailli de tant de questions sur le nouveau régime chinois, qu'il propose de tenir une réunion huit jours plus tard, pour répondre à tous. S'y joindront les représentants des ministères intéressés et cette réunion « *de la dernière heure* », longue et chaleureuse, lui mettra du baume au cœur. Mais Maux ne sait pas encore que le vœu qu'il exprime, de voir les relations économiques se poursuivre avec le nouveau régime, deviendra impossible.

Le 31 décembre 1949, la Mission Economique française d'Extrême-Orient cesse d'exister. Pour remercier le chef de Mission, le ministre de la France d'Outre - Mer décide de le nommer Ingénieur général, ce qui lui rend enfin justice. Car bien qu'étant « *au tableau* » depuis plusieurs années, on lui avait toujours demandé de « *laisser son tour* » à des camarades ayant l'avantage de n'avoir jamais quitté la France ! Cette nomination est signée le 1° mars 1950, par Bidault, président du conseil des ministres. Et Maux reçoit une lettre de remerciements de Robert Buron le ministre des Finances :

« *Je vous adresse mes vives félicitations pour les qualités que vous avez déployées à la tête de la Mission et des résultats que vous avez su obtenir en dépit des circonstances politiques et économiques très défavorables.* »

Maux se préoccupe beaucoup du sort des membres de la Mission restés en Chine.

187

Cazenave-Nebout a, suivant les ordres, gagné Chungking en octobre. Par malchance, la compagnie d'aviation chinoise est passée aux mains des Communistes la veille même et tout trafic aérien est interrompu. Il n'a d'autre ressource que de rentrer chez lui à Chengtu. Il lui faudra huit mois pour obtenir l'autorisation de prendre un bateau pour Hankéou et de gagner Hong-Kong en train. Pour survivre, il va dépenser toutes ses économies et, de plus, se verra dépossédé par les douaniers de ses précieux films. Il rentrera en France en octobre 1950. Le sort de Michel Dupond, à Shanghaï, sera analogue, malgré son statut de conseiller économique. Mais, dénoncé par un secrétaire, il restera bloqué des mois durant. En septembre 1950, il obtiendra l'autorisation de se rendre à Tientsin en train, puis d'embarquer sur un cargo danois, en même temps qu'une cinquantaine d'Européens. Il fera étape à Hong Kong, avant de regagner la France, à la fin de l'année.

La MEFEO a donc disparu, mais a-t-elle laissé des traces ? Certes on constate un complet décalage entre l'activité déployée et les résultats obtenus. Certes, elle a sombré dans les convulsions d'une Chine nouvelle. Mais elle a aussi mis à jour les failles de l'administration française, contre lesquelles Maux n'a cessé de lutter pied à pied, en particulier les difficultés budgétaires et les rivalités constantes entre les ministères. Cependant, grâce à la ténacité du chef de Mission, une moderne et originale méthode d'action commerciale a été créée, parfaitement adaptée à la Chine. Expertise sur place par une pépinière d'ingénieurs, adéquation des besoins et des produits proposés, documentation technique régulière, respect de l'interlocuteur, liens personnels avec les autorités, présence continue et patience inlassable… D'ailleurs, sans attendre, Latapy, un adjoint de Maux, est nommé conseiller commercial en Inde, où il s'efforcera d'appliquer les mêmes méthodes. Ce sera un héritage de la MEFEO !

La famille est réunie pour Noël dans l'appartement parisien. La fête est si heureuse qu'elle confirme Henri Maux dans sa décision d'orienter son avenir de façon à vivre avec les siens. Il juge, en effet, qu'il en a beaucoup trop demandé à sa femme, avec ces incessantes séparations. Il voudrait d'ailleurs lui proposer un voyage à deux au Maroc où il est invité, en remerciement aux importantes livraisons de thé vert qu'il a effectuées pendant quatre ans. Il sait bien qu'avec la disparition de la Chine et la guerre en Indochine, il n'a plus d'avenir en Asie. Et, bien qu'y comptant beaucoup d'amis, il n'appartient pas au Corps Diplomatique, qui n'aura jamais rien à lui proposer. Il serait donc préférable pour lui de réintégrer son corps d'origine, les Ponts et Chaussées coloniaux, qui vient de fusionner avec le corps métropolitain.

Or il a appris que le poste d'Ingénieur général à Dakar, capitale de l'AOF, allait se trouver vacant et il décide de se porter candidat. Ce serait une résidence heureuse pour les siens et un nouveau continent à découvrir. Mais le titulaire n'étant pas pressé de partir, il lui faudra attendre quelques mois.

Or, début février 1950, il est convoqué par le ministre de la France d'Outre-Mer, Jean Letourneau, qui lui demande de présider les Travaux préparatoires à la Conférence Inter-Etats sur l'Indochine. Maux a été choisi avec le consentement de tous les ministères – pour une fois d'accord - ainsi que celui du Haut-Commissaire Pignon. Cette Conférence doit se tenir à Paris fin juin, entre les chefs des trois Etats (Vietnam, Laos et Cambodge). Elle se poursuivra par des réunions techniques, en début d'été à Pau. Il s'agit d'harmoniser les préparatifs de l'Indépendance des trois Etats. Ce sera le prolongement des Accords de l'Elysée du 8 mars1949, puis des discussions de Dalat. Mais les réunions préparatoires, prévues à Saigon, ne peuvent pas s'y tenir, en raison de la situation dégradée de la ville, qui est devenue incontrôlable. La politique permissive du premier ministre du Vietnam, qui a ouvert les prisons et désarmé la police, a transformé la ville en poudrière, où le Vietminh s'est infiltré partout. Finalement, après quatre mois de désordres, Bao Daï change de gouvernement.

Les travaux préparatoires vont donc se dérouler à Paris, mais sont retardés de semaine en semaine.

Pour Maux, il reste pourtant un autre rôle à remplir : assister à la 6ème session de l'ECAFE à Bangkok, au Siam, le 9 mai 1950, session précédée d'un Comité de l'Industrie et du Commerce. Maux doit introniser son successeur à la tête de la délégation française de l'ECAFE : le diplomate Pierre Millet, qu'il estime fort. Quant à lui, il veut se désengager de cette responsabilité, qui exige d'incessants déplacements en Asie. Il prolongera ce déplacement par une halte à Saigon, pour s'assurer que la Conférence Inter-Etats s'annonce bien.

Il s'envole donc le 5 mai 1950, pour une première escale au Caire, où il est invité à déjeuner à l'ambassade par Couve de Murville. Le diplomate l'interroge sur cette 6° session, qui inquiète beaucoup la France, sachant que la Russie compte présenter les candidatures de la Chine communiste et du Vietminh. La partie ne sera pas facile ! Arrivé juste à temps pour la séance inaugurale, Maux a la surprise de se voir proposé comme président du Comité par deux des pays les plus anti-colonialistes : l'Inde et le Siam. Proposition votée à l'unanimité ! Sans doute sa courtoisie et sa compétence ont-elles été appréciées lors des sessions précédentes ! De fait, le Comité va se dérouler parfaitement ne dépassant jamais du cadre des discussions techniques prévues et obtenant des décisions satisfaisantes. Il faut dire que le Secrétaire général, l'indien Lokanathan, a essuyé de sévères critiques à Washington, en raison des dérives politiques de l'ECAFE et du peu de résultats obtenus. Quant au délégué russe, aussi violent que maladroit, il n'obtiendra satisfaction pour aucune de ses propositions, qui sont renvoyées vers Washington, l'ONU étant seule habilitée à prendre les décisions politiques. Maux quant à lui est content d'avoir à ses côtés, outre le nouveau délégué permanent Millet, un ancien adjoint de la Mission, Jean Bruley. Le rapport final sur lequel il a beaucoup travaillé, est très applaudi et Marchal, le conseiller de l'ambassade de France écrit : *« Le prestige et l'autorité dont Henri Maux jouit auprès de ses collègues, se sont affirmés une fois de plus. L'influence de notre pays tient beaucoup à ce facteur personnel et il serait dommage de s'en priver à l'avenir »*

Les quelques jours passés à Saigon permettent à Maux de recevoir un paquet de lettres de son épouse. Puis il revoit ses vieux amis et leur fait ses adieux. En particulier ses cousins Pradal, la famille de Jean Bruley et le ménage de Pierre Ledoux, le banquier qui l'a aidé lors des débuts de la Mission. Puis, avec le retour du Haut-Commissaire, de ses conseillers politiques et des représentants des ministères parisiens, le travail devient intense. En effet, ils sont tous pressés de rentrer à Paris. Maux quant à lui, veut rester deux jours de plus, pour présenter Millet aux responsables vietnamiens qu'il connaît bien. Millet est même invité à chasser avec Bao Daï ! Maux compte rentrer par le tout nouveau Constellation, Hélas, cet appareil ayant subi une avarie à Calcutta, lors du voyage aller, il lui faut se rabattre sur l'habituel DC4 - un Skymaster - et attendre encore deux jours. Son dernier dîner se déroule chez son ami du Cambodge, Martin, le représentant Eiffel, qui a invité l'ingénieur des Ponts Vassal, dont la famille hyéroise doit emprunter le même vol que Maux.

IV.   Le double accident de Barheïn

Pour les initiés, ce changement d'avion est une mauvaise nouvelle, car le DC4 n'ayant pas une grande autonomie de vol, il faut prévoir une escale à Barheïn, dans le golfe Persique, en pleine saison des vents de sable. Pourtant il s'agit d'un avion robuste « *de bon père de famille* ». Est-ce une prémonition qui fait écrire à Maux, ce mot à sa femme ?

« *Ma chérie, si cette lettre te parvient, c'est qu'il me sera arrivé un accident... Sache que mes dernières pensées auront été pour toi et que je te protégerai et t'attendrai. Henri* »

L'avion décolle de Saigon le 12 juin au matin et Maux passe la première partie du voyage à côté de Rivet, le directeur du Service des Changes. Il retrouve aussi Davée, du Comité économique de l'Indochine, qui doit participer aux conférences de Paul Mus, un contrôleur des douanes. Plus loin se trouvent un guitariste, Fuller, invité personnel de Bao Daï et Laurence, un pilote de chasse. Puis une dizaine de passagers venant de Nouvelle Calédonie, surtout des religieux qui vont à Rome pour l'Année Sainte. Enfin plusieurs couples comme les Clochec et des familles avec enfants. Voyage aussi un radio de la compagnie, Collard, qui est présent en tant que passager. A Calcutta, s'installe le jeune journaliste Armorin, de *Franc-*

Tireur, qui est venu se reposer après avoir été blessé lors d'une difficile enquête sur le milieu corse de Saigon. A Karachi, monte un officier de Marine, le commandant Boulat, qui s'assied à côté de Maux et entame avec lui, une discussion animée sur l'Indochine. Puis les deux hommes s'endorment pour un vol, qui doit les mener en cinq heures et demie à Barheïn. L'avion est plein, les passagers sont au nombre de quarante-quatre et l'équipage compte sept membres dont le pilote, le commandant Sladek. Ce dernier, qui aligne près de vingt mille heures de vol, est considéré comme l'un des pilotes les plus chevronnés de la ligne.

L'aéroport militaire de Barheïn, géré par les Anglais, est ouvert aux compagnies commerciales depuis un mois. Sa tour de contrôle, en cours de climatisation, est passée aux mains des autorités locales. La piste, en bordure de mer, est plus longue que celle d'Orly. Le problème est la vétusté de l'éclairage, constitué d'un balisage de chaque côté de la piste en *col de cygne*, sortes d'arrosoirs pleins de pétrole, d'où sortent de grosses mèches. Ce procédé rudimentaire a convenu aux aviateurs pendant la guerre. Mais les compagnies anglaises préfèrent désormais se poser à Bassorah, au fond du golfe Persique, où les formalités de visas sont jugées trop compliquées pour les passagers français. D'ailleurs Air France considère Barheïn comme une escale plus sûre et plus directe.

195

A 21h 13, l'avion survole l'aéroport à une altitude normale et amorce la boucle finale, au-dessus de la mer, avant de négocier son atterrissage. Mais les minutes passent et l'avion ne réapparaît pas. Le représentant d'Air France se précipite à la tour de contrôle et trouve un personnel muet d'inquiétude. Le DC4 d'Air France se serait-il abîmé en mer ? Les secours sont immédiatement lancés, mais avec le vent de sable, la nuit profonde et la forte houle, la visibilité est nulle. Ce n'est qu'au petit matin, que le premier rescapé est repéré. Il s'agit du commandant Boulat, qui a nagé toute la nuit, longtemps soutenu par un ballot de courrier. Un autre nageur est secouru : il s'agit du radio Collard qui, après avoir gonflé un canot de sauvetage pneumatique, l'a vu s'enfuir dans le vent. Comme Boulat, il a nagé plus de dix kilomètres parallèlement à la côte, avant d'être secouru par un bateau à l'ancre, Les autres rescapés sont restés accrochés à la queue de l'avion mais, emportés par une forte houle, ils n'étaient plus que deux au lever du jour : Mus et Laurence. A l'aube, ce dernier, voyant un homme nager non loin, va le chercher et l'attache à la queue de l'appareil avec les fils de la radio. Il s'agit du pilote Sladek, qui a nagé toute la nuit dans le coma, avec deux fractures du crâne, sa tête ayant fait obus en passant à travers le cockpit.

Pendant leur séjour à l'hôpital de la capitale Manama, les survivants racontent ce qui s'est passé lors de la chute de l'appareil. Le choc a été brutal et les sièges se sont trouvés sens dessus dessous. Mais la plupart des passagers ont réussi à se dégager et à se masser devant la porte arrière, tandis que l'eau commençait à monter dans l'appareil. Une voix très calme a dit : « *Nous allons mourir, mon père donnez-nous l'absolution* ». Et, à l'exception des treize passagers pris au piège qui ont coulé avec l'avion, tous ont sauté à l'eau et ont nagé dans la nuit, sans savoir où se diriger, alors que la côte n'était qu'à cinq kilomètres de l'impact. Ils se sont tous noyés, on ne comptera que six survivants.

On ne sait rien de la mort d'Henri Maux, qui était pourtant un très bon nageur. Davée, l'un des rescapés, a cru le voir accroché à un fuselage, trop coupant pour s'y maintenir. Il s'est sans doute noyé assez vite car, lorsque sa femme a reçu la description des corps retrouvés, elle a reconnu l'habillement habituel de son mari pendant ses voyages et remarqué qu'il avait gardé ses chaussures… Son corps fut retrouvé le lendemain et assez vite identifié grâce à son alliance.

Pendant deux jours, les équipes de sauvetage sont à l'œuvre, mais ce ne sont plus que des corps sans vie que l'on retrouve, pour les enterrer hâtivement dans le petit cimetière de la ville. Sur son lit d'hôpital, Boulat reçoit la visite du consul d'Angleterre qui lui propose d'expédier un télégramme à sa femme : « *Définitivement dégoûté des bains de mer.* » écrit-il ! Le consul le croyant fou, ne l'enverra pas !

Toutes les équipes sont sur place pour assister à l'arrivée de l'avion suivant qui, parti de Saigon vingt-quatre heures plus tard, s'est arrêté une journée à Karachi, pour une inspection complète de l'appareil et des bagages des passagers. Or, cet avion aussi, va s'abimer en mer, dans des conditions presque analogues à celles du DC4 précédent ! Et le commandant Plamond, en alerte, est pourtant un as de la ligne. Les passagers sont au nombre de cinquante-trois et il y aura treize survivants, repérés à l'aube par les sauveteurs déjà sur place.

Cet incompréhensible double accident sur une ligne réputée sûre, stupéfie le monde entier, et provoque une interpellation à la Chambre des Députés. Une enquête est diligentée, dirigée par un Commodore anglais. Diverses hypothèses sont émises, dont l'une des plus tenaces est celle d'un double sabotage, dû aux responsables du « trafic des piastres » dont le scandale était sur le point d'éclater. Car, dans l'avion, avaient pris place plusieurs voyageurs possédant des dossiers compromettants. Mais, au stade des connaissances techniques de 1950, il était impossible d'arriver à une telle précision de sabotage. La deuxième hypothèse est l'état désastreux de la météo en cette période de vents de sable, qui aurait dû écarter tout atterrissage de nuit sur un terrain aussi mal balisé. Mais là aussi, cette cause semble insuffisante pour expliquer le double accident. On peut dire aussi que le pilote du premier avion était épuisé par 35h de vol et n'avait pas la force de se dérouter et que le deuxième avion était beaucoup trop lourd. Que les pilotes, trop sûrs d'eux, n'avaient aucune confiance en leurs altimètres de bord et avaient négligé de les consulter…La thèse du commandant Boulat, qui a intenté un procès à Air France par la suite, paraît plus crédible, bien qu'elle ait abouti à un non-lieu. Il accuse l'incompétence de la tour de contrôle, qui a envoyé comme pression au sol celle d'une pièce climatisée, en surpression. Il explique ainsi que deux avions se soient posés sans encombre ces mêmes jours, par le fait que la porte de la tour était ouverte lors de leur atterrissage. Mais là encore, une dizaine d'experts en aéronautique consultés, ont jugé que cette seule cause était insuffisante.

Jamais d'explication convaincante n'a pu être établie et chacun s'est forgé sa propre opinion. Mais c'est un fait que les accidents d'avion obéissent à la « *théorie des plaques de Reason* », c'est-à-dire que lorsqu'une accumulation de fautes plus ou moins graves (erreurs techniques ou humaines) s'additionnent, l'accident est inévitable. Ce fut le cas pour le double accident de Bahreïn, unique dans les annales de l'aviation !

Le bilan de ce double accident est lourd : quatre - vingt-six disparus - dont douze victimes n'ont pas été retrouvées - et seulement dix-neuf survivants. Un an plus tard, les corps ont été rapatriés dans des cercueils plombés, à bord de l'*Esso Provence,* qui arrive au Havre, le 18 juin 1951.

Pour Henri Maux, qui avait une position officielle, une cérémonie est organisée en l'église Saint François Xavier, à Paris, huit jours après l'accident, en présence de ministres, d'autorités religieuses et de centaines d'amis et de famille. La décoration de la Légion d'Honneur, que Maux n'a jamais voulu recevoir de son vivant, trône devant le catafalque vide. Puis après le retour du corps, un enterrement a lieu, plus familial, avec l'inhumation au cimetière Montparnasse. Dans toutes les villes où Maux a travaillé, des messes sont dites à son intention : Béziers, Hong -Kong, Hanoï, Saigon, Pau et même Dakar où son beau-frère est en poste. Lors de la conférence Inter-Etats, il est demandé une minute de silence en sa mémoire. Il en est de même lors de la 7ème session de l'ECAFE, à Lahore, en février 1951. Tous les témoignages évoquent la mort de Maux comme *« une grande perte pour la France »*. Son ombre planera sur les discussions.

Puis sa femme et ses enfants se replieront sur leur douleur et s'efforceront de survivre à ce grand malheur. Ce ne sera pas facile pour cette jeune femme de trente-trois ans, d'un courage et d'une gaieté exemplaires, dont l'entourage familial affectueux et très présent, facilitera la tâche d'élever ses cinq filles. Elle verra naître dix-neuf petits enfants et, en 2006, lorsqu'elle rejoindra enfin son mari, elle aura accueilli trente-cinq arrière-petits-enfants.

Il était important que toute cette belle descendance connaisse l'histoire de cet ancêtre exceptionnel, dont le souvenir dormait dans d'austères archives. Et une chose est certaine dans l'esprit de tous, c'est qu'Henri Maux n'a pas cessé de protéger sa femme et ses enfants qu'il aimait, comme il l'avait promis dans sa dernière lettre.

V.   Table des illustrations

VI.   Index

204

VII.   Sources

Du même auteur :

« La Belle Aube. Henri Maux, jeune ingénieur en Indochine. 1927-1936 », Editions Les Presses du Midi, Toulon 2014 (216 p.).

« Le Dragon de l'Est. H. Maux dans la Chine en guerre. 1937-1939 », Editions Champflour, Marly 1999 (191 p.) Avec le concours du ministère des Affaires Etrangères.

« La lutte contre le chômage à Vichy. H. Maux le Juste oublié »1939-1945, Editions Lavauzelle Panazol 2002 (320 p.), Prix Auguste Pavie de l'Académie des Sciences d'Outre-Mer 2002.

« En Mission dans le tumulte asiatique. H. Maux « 1945-1950 », Editions de l'Ouest, Cholet 2011 (620 p.).

Fonds d'archives

Archives familiales détenues par la famille Maux. http://www.henrimaux.org/

Centre historique des archives nationales (CHAN) Section XX° siècle : Fonds Henri Maux série 72 AJ.

Centre des archives d'Outre-Mer (CAOM) Aix EE/II 4704 Fonds Henri Maux.

Archives du ministère des Affaires Etrangères (CAMAE) La Courneuve.

Archives du ministère de l'Economie et des Finances (CAEF) Savigny.

Archives Nationales d'Air France 1950 Dossier Accident, 111-112, Orly.

Archives iconographiques de l'Ecole Nationale des Ponts et Chaussées (ENPC) : Fonds Henri Maux.

Articles sur Henri Maux

« *Historique du Commissariat à la Lutte contre le Chômage de Zone sud 1939-1945* », Décembre 2002 Revue Guerres mondiales et conflits contemporains PUF.

« *La Résistance au sein du CLC* » octobre 2004, Revue Historique des Armées.

Le Commissariat à la Lutte contre le Chômage », chapitre pour l'ouvrage « Un siècle de réformes sociales au Ministère du Travail 1906-2016 ». (2006).

« *Biographie de Henri Maux* » Série Hommes et Destins, Académie des Sciences d'O-M.

« *La Mission économique française d'Extrême Orient, 1945-1950. Henri Maux une politique chinoise au service de la France* ». Revue Histoire diplomatique, Librairie Pedone, 2009, écrit en collaboration avec Thierry Robin docteur en Histoire à Sciences Po Paris.

« *Mission économique française d'Extrême-Orient 1945-1950* » article écrit pour l'ouvrage collectif de l'Académie des Sciences d'O-M Présence française Outre-Mer 2011.

« *D'Ensérune à Shanghaï. Un Biterrois aventureux* »
Article paru en 2012 pour le Bulletin de la Société
archéologique de Béziers.

Témoignages recueillis par l'auteur

Au cours des 28 années de travail sur les archives de
mon père Henri Maux, j'ai pu rencontrer 61
Témoins de sa vie. Ils m'ont ouvert la porte de leurs
souvenirs et raconté avec émotion leur propre
histoire dont, bien souvent, ils n'avaient rien écrit.
Ils m'ont conseillée, tracé de nouvelles pistes et ont
été touchés que je les mentionne dans mes ouvrages
en relation avec Henri Maux, dont ils gardaient tous
un grand souvenir. J'ai pu enregistrer certains
témoignages, mais ce n'était pas évident en raison de
l'âge de mes interlocuteurs. Ils ont tous disparu
maintenant et je garde précieusement leur souvenir.
Parfois je leur ai conseillé de confier leurs archives
aux Archives Nationales, ce qu'ils n'auraient pas
pensé à faire d'eux-mêmes.

J'ai aussi rencontré une quarantaine d'historiens du
20° siècle, de sinologues et de conservateurs
d'archives. Je leur suis très reconnaissante pour la
confiance dont ils ont toujours fait preuve à mon
égard et pour les conseils qu'ils m'ont prodigués.
Grace à eux, j'ai pu consulter de nombreuses
archives et créer des fonds d'archives autour d'Henri
Maux, qui sont désormais à la disposition des
chercheurs et des historiens.

VIII.   Table des matières

En imprimant en France dans des petites imprimeries
soucieuses de leurs employés et de l'environnement,

En limitant les prix de vente,

En maintenant la parité homme/femme dans les sujets
de biographies et entre les aut.eur.rice.s

En illustrant les combats des minorités opprimées,

Nous résistons,

Vous achetez en librairie nos ouvrages,

Vous les lisez, les offrez, les partagez,

Vous les utilisez comme idées d'engagement,

Vous en parlez autour de vous,

Vous résistez,

Nos libraires, entrepreneurs culturels indépendants,

Notre diffuseur, indépendant des oligopoles de l'édition,

Nos correct.eur.rice.s, préfaci.er.ère.s, graphistes,

Nos autrices et nos auteurs,

Elles & ils résistent

212